철학자의 말하기 수업

말과 글을 무기로 바꾸는
18가지 철학 도구들

김 원 지음

철학자의 말하기 수업

나무의철학

머리말

철학자들의 말과 글은 무엇이 다를까?

말과 글의 비밀

세상에는 말 잘하고 글 잘 쓰는 사람이 많습니다. 그런 능력을 얻고자 공부도 하고 책을 사봅니다. 그런데 막상 면접과 논술 시험에선 그런 기술을 하나도 써먹지 못하고 고배를 마실 때가 많습니다. 사회에 진출한 뒤에도 마찬가지입니다. 누군가의 기획안은 척척 통과가 되는데 자신의 보고서는 뒤로 밀릴 때가 많죠. 억울합니다. 분명 학교에서 배운 대로 서론, 본론, 결론을 전후 맥락에 맞게 잘 썼으니까요. 이쯤에 이르면 문제 찾기를 포기하고 대부분 자신의 재능을 의심하게 됩니다. 그런데 자책에 앞서 물어야 할 것이 있습니다.

'그냥 말하기와 글쓰기가 아니라, 좋은 말하기와 글쓰기를 배운 적이 있나요?'

대학에서 학생들을 가르칠 때나 각종 공모전의 평가 위원으로 활동할 때 보면, 많은 사람들이 형식적으로 잘 정돈된 말이나 글을, 좋은 말과 글이라고 여기는 경우가 많아서 놀라게 됩니다. 이런 오해가 있으니 시험이나 회사에서도 성과를 얻기 어려웠던 것이죠. 하지만 이를 온전히 개인의 잘못으로만 볼 수는 없습니다. 생각해보면, 학교에서조차 '많이 읽고, 쓰고, 생각하라'는 원론적인 조언이나 '이렇게 써야 한다'라는 형식적인 지침만 알려줬을 뿐, 정작 무엇이 진정 좋은 말과 글인지에 대해서는 제대로 가르친 적이 없기 때문입니다.

이 책은 그동안 소홀히 다뤄졌던 '좋은' 말하기와 글쓰기를 위한 생각법과 설득법을 다룹니다.

좋은 말과 글이란

좋은 말과 글을 쓰려면, '무엇을, 어떻게, 왜' 써야 하는지에 대한 질문부터 시작해야 합니다. 먼저, '무엇'에 해당하는 것은 설득해야 하는 주제를 의미합니다. 말과 글의 목적은 설득입니다. 학자들이 쓰는 논문도 동료 연구자들의 설득을 목표로 합니다. 신문 사설이나 칼럼, 기획안과 보고서도 모두 설득을 위해 씁니다. 그런데 애초에 설득이 어려운 말과 글이 있습니다. 예를 들어 '약속을 잘 지키자'라는 주제를 형식에 맞춰 아무리 열심히 써도 좋은 글이 되기는 어렵습니다. 이유는, 모두가 알고 있어서 '이미 설득된 내용'이기 때문입니다. '이미 설득된 것을 설득하겠다!'고 하니, 상대방은 듣는 둥 마는 둥 하겠죠. 앞서 말한 학교와 시험장, 회사에서 마주한 말과 글의 대부분이 이런 문제를 갖고 있었습니다. 이런 이유로 인해 말하기와 글쓰기를 아무리 열심히 배워도 실패를 거듭할 수밖에 없었던 것이죠.

그 다음에는 '어떻게' 써야 하는지를 알아야 합니다. 좋은 주제가 떠올랐더라도 상대를 설득할 수 없다면 혼잣말이 되고 맙니다. 따라서 설득법을 배우고 적절히 활용할 수 있어야 합니다. 서론, 본론, 결론 쓰기나 미괄식, 두괄식 등의 내용은 학교에서 충분히 배워서 사용할 수 있다고 말할 지도 모릅니다. 하지만 사용이 아니라 응용을 할 수 있어야 합니다. 말과 글은 부품을 설계도대로 정확하게 끼워 넣는 프라모델 만들기가 아닙니다. 자유롭게 조합하여 그때그때 새로운 작품을 창조하는 블록 만들기에 가깝습니다. 설득의 구조와 방법이 어떤 맥락에서 나왔는지를 알고, 형식 간에 서로 이가 맞물리는 원리를 이해해야 제대로 응용하는 말하기, 글쓰기를 할 수 있습니다.

    마지막으로 '왜' 쓰는지를 알아야 합니다. 말과 글은 올바른 해답에 다가가기 위해 써야 합니다. 주장이 참신하고 형식과 설득의 기술 역시 잘 갖춰져 있어도 올바름과 멀어져 있다면, 그것은 궤변이 됩니다. 세상에는 진리와 정답은 찾기 어렵다는 점을 이용해서 자신에게 유리한 말과 글을 쓰는 사람이 많습니다. 비판하기 역시 올바른 답을 찾기 위해서가 아니라 자기주장에 반대하는 사람을 배척하기 위한 용도로 쓰는 이도 있습니다. 하지만 말과 글로 사람과 소통하는 이유는 더 나은 답을 찾기 위해서입니다. 올바름을 지향하지 않는 말과 글은 소통이 아니라 이기려고 하는 게임일 뿐입니다.

책의 특징과 구성

'무엇을, 어떻게, 왜'라는 질문에 대한 훌륭한 답은 철학에 있습니다. 철학자는 아무도 거들떠보지 않고, 설득의 내용도 될 수 없었던 당연함이라는 돌멩이들을 손에 쥡니다. 그리고 처음 보는 사람처럼 들여다보며 깊은 생각을 거듭합니다. 어느 순간, 길가의 돌멩이가 보석처럼 반짝이기 시작합니다. 여기서 '이 돌멩이의 참된 모습은 무엇이며, 돌이 있다는 것은 무슨 의미일까?'라는 질문이 떠오릅니다. 철학적 존재론이 시작되는 순간입니다. 이후 철학자는 이것이 진짜 돌인지 보석인지를 판단해보려 합니다. 이때 돌과 보석을 판별할 수 있는 능력을 인간이 가지고 있는지 아는 것은 중요합니다. 다른 동물이라면 돌이든 보석이든 먹을 수 없는, 같은 물체로 여길 테니까요. '인간은 보석과 돌멩이를 구분할 수 있을까? 돌이 아니라 보석이라는 주장이 참인지를 알아낼 수 있을까?' 인식론은 이러한 질문에서 출발합니다. 또한 돌과 보석은 서로 다른 '가치'를 지닌 존재로 평가됩니다. 여기서 미적·윤리적 판단을 다루는 가치론이 나옵니다. 철학은 당연한 것을 의심함으로써 존재론, 인식론, 가치론 같은 분과를 발전시켜왔습니다.

철학을 배운다면 아이디어가 하늘에서 떨어지길 기다리는 대신, 구체적인 주제와 내용을 만들 수 있습니다. 철학의 생각법은 길가의 돌멩이를 주워 새롭게 탐구하듯이, 당연하게 여겨지던 문제를 다시 끄집어내어 설득이 필요한 주장과 아이디어로 변화시킵니다. 시험장에서 설득이 어려운 주제가 주어져도 철학자의 생각법을 알고 있다면 '좋은' 글감으로 바꿀 수 있습니다. 그래서 책의 첫머리에 가장 먼저 소크라테스의 생각법을 담았습니다.

철학자의 생각법을 배웠다면, 이제 '어떻게' 설득할 것인지를 살펴볼 차례입니다. 철학자들은 참신하다 못해 도저히 받아들이기 힘든 아이디어를 주장할 때가 많습니다. 그들은 독야청청 자신의 주장을 하는 데서 그치지 않고, 사람들을 설득하기 위해 자신의 천재성을 발휘했습니다. 이 책에서는 철학자들의 설득법이라 할 수 있는 문제 설정, 근거, 비판, 논리, 전제 바꾸기, 비유, 스토리텔링, 사고실험, 미괄식과 두괄식 등의 형식 및 개념을 중심으로 효과적인 설득 기법을 소개합니다.

철학자가 생각법과 설득법 개발에 '왜' 매진했는지를 묻는다면, 진리에 더 가깝게 다가가기 위해서라고 답할 수 있습니다. 학문의 영역뿐만 아니라 TV에서 보게 되는 토론과 비판 역시 더 나은 해답을 찾으려는 노력입니다. 철학자들은 변증법, 귀납과 연역, 중용과 실천 등의 방법으로 사고를 거듭함으로써 진리에 더 가까이 다가가고자 노력했습니다. 이 책에서는 단순한 개념 소개에 그치지 않고 이 방법론이 진리를 향해 가는 경로와 원리를 보여주기 위해 노력했습니다.

따라서 책의 구성은 소크라테스의 생각법을 제외하고는 그리스 철학의 시대 순서를 따랐습니다. 탈레스, 밀레토스 학파, 헤라클레이토스, 파르메니데스, 플라톤, 아리스토텔레스 순으로 그들이 개발하고 만든 유용한 방법론들을 다룹니다. 이는 각각의 철학적 개념과 방법이 서로 동떨어진 것이 아니라, 거대한 발전적 흐름에서 나온 것임을 강조하기 위한 것입니다. 또한 각 장에서 철학자의 주요한 사상과 방법론을 소개한 뒤에는 실제 적용 사례를 제시하여, 말하기와 글쓰기의 실용서답게 실제 현장에서 이들 개념이 어떻게 활용되고 쓰일 수 있는지를 보여주고자 했습니다.

책의 대상과 효용

그간 글을 쓰고 강의를 하면서 다양한 말하기와 글쓰

기 방법론을 접하고 가르쳐왔습니다. 좋은 책과 논의들이 많았지만, 학문의 왕인 철학의 생각법과 설득법, 진리에 가까워지는 방법론을 말하기와 글쓰기에 온전히 적용한 책은 드물어 의아했습니다. '그렇다면, 직접 써야겠다'라고 마음먹고 집필을 시작했습니다. 말하기와 글쓰기를 숙제처럼 안고 사는 고등학생, 대학생, 회사원, 말과 글을 더 잘 사용하고 싶은 분들께 큰 도움이 될 것이 분명했기 때문이죠. 그런데 책을 쓰는 과정에서 줄곧 누군가가 해줬던 말이 떠올랐습니다.

'희소한 연구와 마찬가지로 드문 책이라는 건, 아이디어나 능력이 없어서가 아니라 쓰기가 정말 어렵단 뜻이야.'

말 그대로였습니다. 철학과 말하기, 글쓰기를 잇는 책을 쓰자는 건 분명 좋은 기획이었지만, 각종 수사학과 논리적인 방법론을 추려서 소개하는 게 상당히 어려운 일임을 깨달았습니다. 덧붙여 방대한 철학이라는 산맥 앞에서 멈칫할 때가 많았습니다. 특히 세계와 언어의 한계를 초월하고자 노력하는 철학자라면, 이 책의 필요성도 알고 쓸 능력도 있지만 굳이 쓰지는 않았으리란 생각도 들었습니다. 그 이유 중 하나는, 실용서라면 갖추어야 하는 단순명쾌함이라는 덕목 때문입니다. 명쾌함을 위해선 개념의 가지치기가 필요한 경우가 있는데, 철학은 특히 의미의 왜곡이 있을 수 있는 것에 대해 엄격한 분야이기 때문입니다.

하지만 저 역시 이론과 현실의 접점을 고민해온 입장에서 조심스럽게 의견을 말하자면, 배움의 시작에 선 사람에게는 여전히 명쾌함이 소중한 덕목이라고 믿습니다. 아이작 뉴턴은 위대한 학자들이 쌓아 올린 학문의 금자탑, 즉 '거인의 어깨에 올라탔다'는 말로 자신의 업적을 겸손하게 표현했습니다. 하지만 전문가나 학자가 아닌 이상, 거인의 발가락부터 기어 어깨까지 오르는 건 가혹한 일입니다. 오르기도 전에 압도적인 위용에 눌려 포기하게 됩니다. 그래서 입문서나 실용서라는 사다리가 필요합니다. 그 사다리를 타고 거인의 허리춤까지라도 올라 세상을 조망하는 경험을 가져야 합니다. 그래야 철학이라는 거인의 어깨를 바랄 수 있는 용기를 낼 수 있습니다. 언젠가는 스스로 사다리를 치우고 나름의 길을 찾으며 오를 수 있게 됩니다.

이 책은 개념의 명쾌함을 지향하면서도 가급적 다수의

학자가 동의한 개념을 살리고자 노력했습니다. 또한 철학자와 관련된 에피소드보다는 철학의 도도한 물줄기를 조망할 수 있도록 사상적 흐름을 중심으로 서술하려 노력했습니다. 개념 설명 뒤에는 현실에 적용할 수 있는 사례를 배치하여 실용서다운 활용성을 갖출 수 있도록 구성하였습니다.

그리스 철학의 사상사에서 말하기와 글쓰기 방법론을 추출한 이 책은, 마찬가지로 희소하지만 가치 있는 책들의 도움을 많이 받았습니다. 특히 고대 그리스 철학자들의 책을 출판, 해설, 번역해주신 분들께 깊은 감사를 드립니다. 또한 과감한 기획에 손을 내밀어주신 토네이도 출판사와 집필 과정 동안 재미있고 유익한 책이라며 많은 격려와 도움을 주신 담당 편집자님께도 깊은 감사의 인사를 전합니다.

이 책이 독자 여러분의 좋은 말과 글을 위한, 드물게 멋진 친구가 되었으면 하는 바람입니다.

김 원 문화콘텐츠학 박사

머리말 | 철학자들의 말과 글은 무엇이 다를까 •4

1부

이제 당연한 생각은 그만두자
단단한 생각의 갑옷을 벗기는 철학자의 사고법

1. 아는 것이 아니라 모른다는 것에서 시작하라 •20
[소크라테스] '무지의 지' 사고법

2. 당연한 답에 반대하라 •44
[소크라테스] 새로운 아이디어는 어떻게 탄생하는가

3. 한 문장으로 핵심을 표현하라 •54
[탈레스] 강한 주장을 완성하는 근거 만들기

4. 현상 너머의 근원적 문제를 찾아라 •66
[탈레스] 3가지 근거로 강하게 주장하기

5. 주장엔 반드시 비판이 따른다 •78
[밀레토스 학파] 주장을 강화하는 비판하기

6. 비판은 좋은 삶을 위한 사고방식이다 • 90
[밀레토스 학파] 올바른 비판을 위한 3가지 주의점

7. 변화는 충돌로 이루어진다 • 100
[헤라클레이토스] 발전의 원리가 담긴 변증법

8. 갈등 속에서 더 나은 답을 찾는 기술 • 110
[헤라클레이토스] 해결책을 찾기 위한 변증법

2부

말과 글의 목표는 설득이다
상식적인 주장을 뒤집는 말하기

1. 논리는 개발된다 • 122
[파르메니데스] 일상의 논리는 교과서와는 다르다

2. 기존과는 다른 관점으로 가치를 만들어라 • 136
[파르메니데스] 상식적인 논리를 의심하는 사고방식

3. 어떤 말과 글이 기억에 남을까? • 148
[플라톤] 스토리텔링으로 설득하는 법

4. 어려운 주제일수록 이야기로 설득하라 • 162
[플라톤] 문제 해결형 스토리텔링

5. 잘못된 논리인 건 알겠는데 말문이 막힐 때 • 172
[플라톤] 비판적 성찰을 위한 사고실험

6. 막연함 속에서 아이디어를 만드는 방법 • 182
[플라톤] 사고실험으로 근거와 아이디어 만들기

◆ 3부 ◆

쓰는 순간, 당신의 철학이 드러난다
나를 더 나은 존재로 만드는 글쓰기

---

1. 확실한 내용을 적합한 형식으로 써라 • 194
[아리스토텔레스] 좋은 논리는 귀납과 연역에서 나온다

2. 임팩트 있는 문장으로 마무리하라 • 210
[아리스토텔레스] 귀납법 활용 시 3가지 유의 사항

3. 어떤 관점으로 문제를 바라볼 것인가 • 220
[아리스토텔레스] 귀납과 연역을 혼합한 설득적 연역 구조

4. 좋은 글은 윤리로 완성된다 • 234
[아리스토텔레스] 말과 글에서 도덕적 관점을 고려하라

5. 비난은 결국 나를 향하게 된다 • 250
[아리스토텔레스] 윤리적으로 주장하기

6. 올바른 답을 찾으려면 올바른 질문을 던져라 • 266
[총정리] 그리스 철학자에게 배우는 글쓰기와 말하기

설득력 있는 말과 글을 위한 그리스 철학자의 18가지 조언 • 273

맺음말 | AI 시대에 더욱 빛날 당신의 멋진 세계 • 288
참고 도서 | 함께 읽으면 좋은 책들 • 294

1부

이제 당연한 생각은 그만두자

단단한 생각의 갑옷을 벗기는
철학자의 사고법

아는 것이 아니라
모른다는 것에서 시작하라

[소크라테스]

'무지의 지' 사고법

"참신한 아이디어를 내주세요."
"그 생각은 영 아닌 것 같은데?"

대화 중에 종종 접하게 되는 말입니다. 그런데 참신한 생각은 도통 떠오르지 않고 기껏 아이디어를 내봤자 비판받을 때가 많습니다. 내 생각이 틀렸다는 말을 듣게 되면 내 존재가 통째로 거부당한 듯 화가 치밀어 오르기까지 합니다. 상대방은 기를 쓰고 이겨야 하는 적이 되고 논쟁에서 이긴다 해도 여간해선 분이 풀리지 않습니다.

'아! 이렇게 쏘아붙였어야 했는데!'

자다가도 이불을 걷어차게 됩니다. 그런데 이런 사람

들에게 그리스 철학자였던 소크라테스는 한 줄기 빛을 선사합니다. 그가 등장하는 대화편을 보면 누군가를 화나게 할지언정(!) 먼저 화내는 일이 없습니다. 끈질기게 캐묻다가 카운터 펀치를 날리듯 기막힌 생각과 발상으로 상대의 말문을 턱 막히게 할 뿐이죠.

소크라테스의 생각법을 배운다면 남의 말에 상처받을 일도, 내 의견에 반대하는 적들 앞에서 무서울 일도 없을 듯합니다. 무엇보다 참신한 아이디어도 술술 나올 테니 인정받는 삶을 살 수 있을 겁니다. 이처럼 유용한 소크라테스의 생각법에는 과연 어떤 비밀이 숨어 있을까요?

생각법을 배우려면 먼저 생각이 무엇인지를 알아야 합니다. 우리는 매일 끊임없이 생각하죠. 명상 수업에서 생각을 비우라는 말을 듣고서야 '아, 내가 생각 중이었구나' 하고 깨달을 정도입니다. 그런데 자세히 뜯어보면 물멍, 불멍 같은 '멍 때리기'와는 다르게, 생각에는 대상, 과정, 결과가 있음을 알게 됩니다.

'회사 분위기가 별로니까 신규 기획안 제출은 미룰까?', '건강을 위해 운동을 시작해볼까?' 같은 일상적인 생각거리부터, '이 세상은 무엇이고 나는 누구인가?' 같은 철학적 질문까지 모두가 생각의 대상입니다. 그리고 이런 질문들은 대부분 답을 찾기 위해 떠올립니다. 누군가 내 답에 동의해 주면 기쁜 마음에, '그럴 줄 알았어. 나랑 생각이 같구나!'라며 친밀감을 느낍니다. 경우에 따라서는 아예 '우리 편'으로 인정해 버리기까지 합니다.

저 역시 젊은 시절엔 '니 편, 내 편'으로 갈라서 생각했던 때가 있었습니다. 그런데 상대편의 논리적인 주장을 듣다 보면, 진영을 떠나 그의 말에 공감이 가곤 했습니다. 그때 답이 같다는 것만으로 나와 생각이 같다고 단정하기는 어렵다는 걸 깨달았습니다.

이러한 오해는 '생각=답'이라고 받아들이기 때문에 생깁니다. 생각의 결과에 해당하는 '답'에만 매달린 나머지, 생각의 '과정'을 간과한 것이죠. 예를 들어 '운동은 건강에 좋다'라는 답에는 누구나 쉽게 동의합니다. 하지만 생각의 과정이 아래와 같다면 어떨까요?

생각의 대상: 운동은 건강에 좋을까?
생각의 과정: 헬스장에 등록한다 → 운동 중에 이상형을 만난다 → 행복도가 올라 건강해진다

23

생각의 결과: 운동은 건강에 좋다

운동이 건강에 좋다는 답에는 고개를 끄덕일 수 있어도 우연과 비약으로 점철된 생각의 과정에는 동의하기 어려울 것입니다. 게다가 생각의 과정이 올바르지 못하면 뜬금없이 정반대의 답이 나올 수 있다는 문제도 있습니다.

생각의 대상: 운동은 건강에 좋을까?
생각의 과정: 헬스장에 등록한다 → 운동 중에 허리를 다친다 → 움직이지 못해 건강을 해친다
생각의 결과: 운동은 건강에 나쁘다

위의 예만 보아도, '운동은 건강에 좋다, 나쁘다'라는 결과가 중요한 것이 아님을 알 수 있습니다. 생각의 과정이 잘못됐다면 답은 언제라도 바뀔 수 있고, 내 편이 하루아침에 남이 될 수 있으니까요. 결국 진정한 내 편은, 답이 같은 사람이 아니라 생각의 과정이 같은 사람이어야 합니다. '생각=결과'가 아니라, '생각=과정'이기 때문입니다.

답이 없는데 답을 안다고?

소크라테스는 위대한 철학자답게 생각의 과정을 가르치고자 노력했습니다. 유명 학원강사처럼 올바른 풀이 과정을 보여주고는 '봐라! 정답이 나왔잖아!'라는 식으로 족집게 강의를 시작했을 것 같습니다. 하지만 그는 생각의 과정을 가르치려 할 때, 두 가지 큰 장애물이 버티고 있음을 발견합니다.

1. 정답은 찾기 어렵다는 것
2. 사람들은 이미 정답을 안다고 생각한다는 것

첫 번째 장애물은 '찾기 어려운 정답'이었습니다. 우리가 열심히 공부하는 이유는 답을 알기 위해서인데 정답 자체를 모른다니 난처한 상황입니다. 마치 정답지가 찢긴 문제지를 들고 있는 상황인 것이죠. 그런데 누군가는 이렇게 말할 수 있습니다.

"우리가 모르는 건 극히 일부일 뿐이고, 대부분의 문제는 정답을 아는데 무슨 소리지?"

과연 그럴까요? 현실에서는 오히려 수학 체계나 형식 논리를 제외하고는 정답을 찾기 어려운 경우가 많습니다. 예를 들어 '운동이 건강에 좋다'는 건, '당연한 정답'처럼 보입니다. 하지만 운동으로 발생하는 활성산소나 관절 마모, 나이나 체질의 특성에 따라 '운동이 건강에 나쁘다'는 의학적이고 과학적인 통계 데이터 역시 얼마든지 찾을 수 있습니다. 모두에게 언제나 통용되는 정답은 아니란 거죠.

이처럼 '찾기 어려운 정답'이라는 장애물은 불변의 진리를 찾으려 하는 학자들을 오랫동안 괴롭혀온 문제입니다. 제가 대학원과 박사 과정을 거쳐 학자가 되면서 얻은 가장 큰 배움은 '학문은 대부분의 핵심적인 질문에 대해선 정답을 모르는구나!'였을 정도입니다. 이러한 사실을 잘 알기에 교육학자인 아내가 연구로 괴로워할 때면 짓궂은 농담을 던지곤 합니다.

"교육이 사람을 바꿀 수 있을지조차 확실히 모르는데 너무 고민하지 마."

예전 같으면 불같이 화를 냈을 아내도 이제는 '하지만

교육으로 바뀔 수 있다는 게 주류 이론이지' 하며 쿨하게 답합니다. 그러면 '아, 전보다 학문이 깊어졌구나!' 하고 감탄합니다.

농담처럼 보이지만 사실 대부분의 학문이 이와 비슷한 문제로 괴로워하고 있습니다. 심리학은 의식이 무엇인지를 모르고, 물리학은 물질을 모르며, 미학은 아름다움이 무엇인지 모릅니다. 많은 학자들이 타당하다고 지지하는 주류 이론만 있을 뿐입니다.

그렇다면 '모든 학문의 왕'이라는 칭호를 갖고 있는 철학은 정답을 알고 있을까요?

모른다는 것을 인정하자

철학은 단지 진리를 찾는 것뿐만 아니라, 진리를 찾는 여정 자체를 연구하는 학문입니다. 그래서 철학은 가장 본질적인 질문부터 던집니다.

'나는 누구이며, 이 세상과 물질은 무엇인가?' (존재론)
'우리는 진리를 알아볼 수 있을까?' (인식론)

'무엇이 선하고 옳은가?' (가치론)

　이러한 본질적인 의문을 먼저 제기하는 이유는, 확고한 기반이 되는 정답을 찾아 평평한 땅처럼 다지고 그 위에 젠가 나무토막을 올리듯 학문을 쌓아 올리기 위해서입니다. 땅이 흔들리면 공든 탑처럼 쌓은 학문도 무너질 테니 본질적인 질문에서부터 시작해야 하는 것이죠.
　그래서 서양 철학의 시조라고 불리는 고대 그리스 철학자들은 논리와 이성을 이용하여 그 질문들에 대한 정답, 즉 진리를 찾기 위해 총력을 기울였습니다. 특히 소크라테스를 전후로, 존재, 인식, 윤리에 대한 사유가 급격히 발전했습니다. 앞으로 말하기와 글쓰기 방법을 배우면서 함께 살펴볼 탈레스와 밀레토스 학파의 사상가들, 그리고 헤라클레이토스, 파르메니데스, 플라톤, 아리스토텔레스 같은 거장들 덕분이죠. 그런데 이 시기에도 '바로 이거다!'라고 할 만한 정답은 명확히 제시되지 않았습니다.
　이후 서양 사회는 중세로 접어들며 종교가 부흥하고 힘을 발휘하게 되면서, '내 말이 곧 진리다'라는 신의 말씀이 중심이 된 신학이 철학을 지배하게 됩니다. 신의 말씀이 곧 정답이라면 인간은 신의 뜻이 무엇인지 잘 해석해서 따르기만 하면 됩니다. 진리 판단의 문제를 신에게 맡겨 버린 셈입니다. 물론 중세 스콜라 철학 등에서도 신학과 이성을 조화시키려는 나름의 시도가 있었습니다. 하지만 전체적으로 보면, 인간의 관점에서 관찰하고 사유하며 자유롭게 진리를 탐색하는 철학적 활동은 상대적으로 위축될 수밖에 없었습니다. '정답은 이미 주어졌다'는 프레임에 갇혀 버렸으니 인간 관점을 자유롭게 펼칠 수 있는 학문의 발전은 어려웠던 것이죠.

근대 철학의 아버지로 불리는 데카르트는 철학의 주체를 다시 인간 중심으로 되돌립니다. 그는 신의 뜻을 거역할 생각까지는 없었지만, 철학자답게 모든 걸 의심하기 시작합니다. 내가 살아가는 현실은 진짜처럼 보이지만, 플라톤이 말한 것처럼 그림자를 실제로 착각하며 살아가는 동굴 내부일 수도 있고, 장자의 나비가 꿈을 꾸는 것일지도 모릅니다. 1+2=3이라는 명제조차 원래 답은 4인데, 수학 문제를 풀 때마다 전능한 악마가 나타나서 '3이 정답이야!'라고 해서 그렇게 믿게 된 것일지도 모릅니다. 이렇게 지독한 의심을 거듭한 끝에야 그는 나름의 정답을 찾게 됩니다.

'잠깐, 모든 게 가짜라고 해도 그것을 의심하고 있는 지금 이 순간, 생각하는 나는 분명히 존재하잖아!'

"나는 생각한다, 고로 존재한다$^{cogito, ergo sum}$"는 데카르트가 찾은 답이자 단단한 '철학적 땅'이었습니다. 일단 '생각하는 나'라는 존재가 있다면 굳이 신의 관점에서 세상을 볼 필요 없이 '나'를 출발점으로 하여 관찰하고 생각하며 답을 찾아가면 그만입니다. 이후에 뉴턴, 칸트와 같은 위대한 학자들이 그 땅을 터전 삼아 빛나는 학문의 탑을 쌓아 올릴 수 있었습니다. 그러나 데카르트의 땅 위에 세운 근대의 탑은 다시 흔들리게 됩니다. '생각하는 자아, 즉 내 생각은 온전히 나에게서 온 것인가?'와 같은 의문이 제기되기 시작한 것입니다.

"나는 슬픔이 밀려오면 김밥이 먹고 싶어진다."

이 말은 나라는 존재를 드러내는 고유한 감정과 선택처럼 보입니다. 그러나 구조주의적 관점은 이조차도 개인의 생각이 아닌, 언어, 무의식, 경제와 문화 코드에 의해 구성된 것일 수 있다고 봅니다. 이는 소쉬르 언어학을 비롯해, 라캉의 정신분석학, 마르크스 이론 기반의 사회 구조 분석, 레비스트로스$^{Claude\,Levi\,Strauss}$의 문화 인류학 등에서 공통적으로 나타나는 시각입니다. AI가 아무리 사람처럼 말해도 컴퓨터 코드로 구조화되어 작동하는 존재이듯이, 인간의 사고 역시 구조 속에서 만들어진 것이라면, 인간 역시 자율적이고 독립적으로 사고하는 존재로 인정하긴 어렵다는 결론에 이르게 되죠. 이러한 비판들이 다양하게 제기되면서, 데카르트의 단단했던 땅은 큰 지진을 겪게 됩니다.

이에 과학철학자 장하석 교수는 철학자이자 경제학자였던 오토 노이랏$^{Otto\,Neurath}$의 비유를 빌려, 오늘날 지식을 쌓고 개선하는 일은 단단한 토대는커녕 바다 한가운데에서 배를 수리해야 하는 처지와 비슷하다고 묘사합니다. 현재의 학자들이 지식의 구축 과정에 대해, '단단한 진리의 땅'이라는 비유를 버리고 바다에 뜬 배를 그때그때 고치며 항해하는 일로 비유한 것을 보면, 진리를 향한 여정이 얼마나 어려운 것인가를 새삼 느끼게 됩니다.

모른다는 것을 인정하면
올바른 생각의 과정이 드러난다

소크라테스는 이천 년 전에 이미 진리를 찾는 일이 어렵다는 것을 알고 있었습니다. 정답지가 없는 상태로 문제지를 받아 든 상황에 비유할 수 있겠지요. 그럼 이때는 어떻게 해야 할까요? 그냥 포기해 버릴까요, 아니면 소피스트처럼 화려한 밀솜씨로 내가 풀어낸 답이 정답이라고 주장하면 되는 것일까요? 소크라테스는 오히려 '정답을 모른다'는 사실을 인정하며 정면 돌파를 선언합니다.

'나는 내가 모른다는 것만 안다.'

줄여서 '무지의 지'라고 부르는 이 말은 겸손의 표현처럼 보이지만, 사실은 '찾기 어려운 진리'라는 첫 번째 장애물을 뛰어넘기 위해 소크라테스가 만들어낸 대표적인 생각법입니다. 답을 모른다는 걸 인정하면, 창피함을 상쇄하고도 남을 무기가 생기기 때문입니다.

나는 내가 모른다는 것을 알기에

- 정답을 찾는 대화를 할 수 있다.

- 당연한 답도 다시 생각하며 탐구할 수 있다.

- 어떤 정답이든 수용할 수 있다.

고대 그리스의 소피스트들은 대화를 승부로 생각하고 이기는 법을 가르치는 경우가 많았습니다. 하지만 소크라테스는 함께 정답을 찾는 대화를 시도했습니다. 승부에서는 승자와 패자로 나뉘지만, 대화는 앎을 나누고 함께 성장하도록 돕습니다. 이런 관점으로 보면, 상대방이 내 생각에 반대한다고 화를 낼 이유가 전혀 없습니다. 화가 치민다면 내가 대화를 승부로 받아들이고 있었던 건 아닌지를 먼저 돌아봐야 합니다. 마찬가지로 소크라테스가 화를 내지 않았던 이유도 그가 강철 멘탈의 소유자여서가 아니라, 대화를 공동의 탐구 과정으로 받아들였기 때문입니다.

내가 아무것도 모른다면 당연한 답을 되묻는 것도 가능합니다. 우리는 상식에 대해선 구태여 '왜?'라고 묻지 않습니다. 예를 들어 신을 믿는 문화에선 신이 진짜 있는지를 다시 묻지 않는 것과 같죠. 상식적인 차원이고 근거 역시 이미 안다고 생각하기 때문입니다. 소크라테스는 무지를 무기로 당연한 답을 다시 문제로 올립니다. 그리고 대화를 하면서 답의 풀이 과정이 맞는지 해부하듯이 섬세하게 복기합니다. 답을 복기하다 보면 이상한 결과를 발견하는 경우가 있습니다. 신이 있는 건 당연한 상식이었는데 부인해야 할 상황이 생길 수도 있고, 신을 부정했는데 인정해야 할 수도 있습니다. 이때 기존의 믿음을 거부하고 새로운 답을 받아들이는 선 엄청난 용기가 필요한 일입니다.

하지만 아무것도 모르는 상태라면 훨씬 수월하게 새로운 지식을 받아들이게 됩니다. 새하얀 종이에 적힌 풀이 과정이 맞다면, 거기 쓰인 답 역시 편견 없이 인정할 수 있습니다. '진리가 너희를 자유케 하리라'는 성경 말씀을 소크라테스는 이렇게 고쳐 말했을 것 같습니다.

"무지가 생각을 자유케 하리라."

생각의 갑옷을 벗기는 소크라테스 문답법

'무지의 지'로 무장한 소크라테스는 사람들을 찾아다니며 대화를 시작합니다. 아래의 대화처럼 말이지요.

> **케팔로스: 정의란, 빌린 물건은 꼭 돌려주는 정직한 태도라고 할 수 있죠.**
>
> **소크라테스: 정의를 그렇게 단정해도 괜찮을까요?**
>
> _플라톤, 《국가》

이때 두 번째 장애물이 등장합니다. 케팔로스처럼 자신 있게 '정답을 안다고 생각하는 사람들'이 나타난 것입니다. 정답지 없는 문제집도 모자라 자신의 답이 맞다고 우기는 사람들까지 나타나다니 총체적 난국입니다. 소크라테스는 정답은 찾기 어렵다는 걸 알고 있었기에 쉽게 내미는 '당연한 정답'을 바로 수용하는 경우는 없었습니다. 그러나 우매함에서 깨어나라고 그들을 꾸짖지도 않았습니다. 답을 안다는 이들 중에는 실제로 경험과 지식이 월등한 경우가 많았고, 커리어를 쌓다 보면 '당연한 정답'을 갖게 되는 건 자연스럽기 때문입니다. 저 역시 젊은 직원들이 내놓은 아이디어를 들으면서 가끔 이런 생각을 할 때가 있습니다.

'실행 가능성이 없는 기획안이네. 경험상 회사가 저런 일에 예산과 인력을 줄 리가 없거든.'
'저 제안도 틀렸지. 몇 년 전 이미 실패한 프로젝트니까 말이야.'

이와 같은 고정관념이 있다는 건, 그만큼 많이 알고 경험했기 때문일 수도 있습니다. 소크라테스도 이 점을 잘 알고 있었습니다. 그래서 전문가와의 대화에서는 그에 맞는 주제를 선택해 충분한 시간을 들여 대화하곤 했습니다. 예를 들어 군인으로 전장을 누빈 사람에겐 용기에 대해 질문하고, 상인이라면 정당한 거래를 오랜 기간 고민해왔을 테니 정의에 관해 묻는 식이었죠.

그런데 전문적 경험과 지식을 가진 사람들과 대화하다 보면 그들이 가진 문제점도 드러나게 됩니다. 경험과 지식은 어느 순간까지는 유용하지만, 시간이 흐를수록 켜켜이

쌓여 갑옷처럼 변하기 때문이죠. 그렇게 전문가로 추앙받으며 누구도 침범할 수 없는 갑옷을 두르고 있으면 안락합니다. 문제는 어느 순간부터 생각의 흐름이 외부와 끊어진 채 좁은 갑옷 안에서만 맴돌게 된다는 것입니다. 경험이 확신의 유일한 근거가 된 꼰대와 극단주의자는 이런 식으로 탄생하게 되죠.

소크라테스는 진리로 향하는 길을 막는 두 번째 장애물을 극복하기 위해 문답법을 활용합니다. 문답법은 질문과 답이라는 뜻으로, 어둠 속에서 서로 손을 잡고 이 길이 정말 맞는지 대화하며 출구를 찾는 원리입니다. 그런데 상대가 갑옷에 숨은 채 무조건 이쪽이 출구라고 고집을 부린다고 생각해봅시다. 그렇다면 그의 굳어버린 생각의 갑옷을 먼저 깨줘야 합니다. 소크라테스는 논박으로 매섭게 상대의 갑옷을 공격합니다. 예를 들면 아래의 대화처럼 말이지요.

케팔로스: 정의란, 빌린 물건은 꼭 돌려주는 정직한 태도라고 할 수 있죠.

소크라테스: 정의를 그렇게 단정해도 괜찮을까요?

…

소크라테스: 만약 친구가 무기를 맡겼는데, 그 친구가 미치광이가 되어 돌아와서는 무기를 돌려달라면, 그걸 돌려주는 게 정의란 말인가요?

_플라톤, 《국가》

자신 있게 이쪽이라고 가리켰지만, '무기를 미치광이에게 돌려주는 상황'은 올바른 출구로 향하는 길이 될 수 없습니다. 그러니 '빌린 것을 돌려주는 것이 정의'라는 '답'은 잘못된 앎이 됩니다. 이런 식의 문답으로 갑옷을 파괴하는 논박을 '엘렝코스Elenchos'라고 합니다. 대화하던 사람들의 말문이 '턱' 하고 막히는 순간이 바로 엘렝코스로 갑옷이 벗겨지는 때입니다.

갑옷이 벗겨지면 피가 순환하듯 새로운 생각이 흘러들 수 있게 됩니다. 이 중요한 순간, 그들을 이기는 게 목표였다면 '봐라, 넌 틀렸어!'라거나, '당장 저쪽 길로 가자!'라고 했겠지만, 그의 목표는 올바른 생각의 과정을 통해 함께 답을 찾는 것이었습니다. 그래서 상대에게 더 깊이 있는 질문을 던짐으로써 스스로 올바른 길에 들어설 수 있도록 도왔습니다. 곁에서 가이드만 해주고 스스로 새로운 앎에 이르는 길에 접어들 수 있도록 하는 것이죠. 이것이 바로 문답법의 정수인 '산파술'입니다. 실제로 소크라테스는 이 원리를 증명하려는 듯, 한 노예 아이에게 기하학 문제를 냅니다. 아무런 배움이 없던 아이는 그의 질문에 답했을 뿐인데 스스로 정답에 가까워집니다.

소크라테스: 아무도 가르치지 않고 그저 내가 질문했을 뿐인데, 이 아이는 스스로 문제를 풀었네. 누가 이 아이에게 기하학을 가르친 적이 있나?

메논: 누구도 이 아이를 가르친 적이 없습니다.

소크라테스: 아이 속에 이미 이런 앎이 있었기 때문이지. 나는 그저 질문으로 아이에게 이미 있는 앎을 상기시켰을 뿐이라네.

메논: 그런 것 같습니다.

_플라톤, 《메논》

문답법의 엘렝코스가 굳어버린 사고의 갑옷을 벗기는 과정이라면, 산파술은 상대를 도와 올바른 생각의 과정에 접어들도록 돕는 과정입니다.

장애물을 뛰어넘는 소크라테스 생각법

지금까지 소크라테스의 생각법을 읽으며 '내가 고정관념과 편견의 갑옷을 두르고 있다고?', '나는 지극히 합리적인 사람이니 내 얘긴 아니군'이라고 생각했을지도 모르겠습니다. 저 역시 스스로에겐 너그러우니 그런 사람이 아니라고 생각할 때가 대부분입니다. 그런데 내가 생각의 갑옷을 입고 있는지 객관적으로 판단해볼 수 있는 기준이 있습니다. 바로 최근 대화 중에 충격을 받거나 불쾌했던 경험이 있는지 여부입니다.

나이를 먹고 사회적 지위가 올라갈수록 나를 자극하는 건강한 대화는 줄어듭니다. 상대 역시 '저 사람에게 말한다고 뭐가 바뀌겠어?'라고 반쯤 포기한 상태로 예의만 갖춰 대화에 임할 때가 많습니다. 그러다 보니 깜짝 놀라거나 당혹스러운 상황이 줄어들고, 내가 갑옷을 입고 있는지조차 모를 때가 많습니다. 점점 내 생각만 옳은 것 같고 나와 다른 의견은 불편해서 듣지 않게 되죠. 게다가 온라인 알고리즘과 AI조차 나의 취향을 거스르는 답변은 좀처럼 하지 않습니다. 세계적으로 극단주의가 횡행하고 대화와 타협의 민주주의가 위협받는 이유도, 우리가 고정된 사고를 강화하는 방향으로만 살게 되었기 때문입니다. '갑옷을 입은 줄도 모르는 사람들'이 폭발적으로 늘어난 것이죠.

반면 소크라테스식 생각의 과정과 문답법을 접한 상대들은 깜짝 놀라게 됩니다. 그간 알고 있던 정답을 스스로 부인해야 하는 상황에 내몰렸기 때문입니다. 플라톤이 쓴 《대화편》에서 많은 사람들이 소크라테스에게 화를 내는 이유도 갑옷처럼 단단했던 사고가 깨지는 것에 대한 당혹감과 충격 때문입니다. 소크라테스의 대화 상대였던 메논은 이런 말까지 했습니다.

메논: 소크라테스, 당신은 외모뿐 아니라 다른 면에서도 전기가오리와 비슷하군요. 전기가오리가 마비시키듯이 당신도 내게 비슷한 짓을 했어요. 영혼과 입까지 마비돼서 무슨 대답을 해야 할지 모르겠으니 말입니다.

_플라톤, 《메논》

하지만 이런 혼란은 좋은 것입니다. 적어도 갑옷을 입고 있었다는 걸 알고 있어야 벗을 생각도 할 수 있기 때문입니다. 처음엔 벌거벗은 임금님처럼 부끄럽지만, '무지의 지' 상태가 됐다는 건 새로운 답을 찾아갈 준비가 됐다는 뜻이기도 합니다.

이념, 종교, 정치적으로 정반대인 진영의 이야기를 들어보는 것은 괴롭습니다. 하지만 그 과정에서 내가 맞디고 여기년 생각이 근거 없는 편견이었음을 알게 되기도 합니다. 상대방 역시 나름대로 올바른 생각의 과정과 근거로 주장했던 것임을 깨닫기도 합니다. 그렇게 혼자서, 때론 상대와 함께 문답을 나누며 걷다 보면 처음 보는 낯선 길에 들어서게 됩니다. 기존의 당연함과는 전혀 다른 새로운 풍경이 펼쳐집니다.

그간 우리는 소크라테스의 개념들을 개별적이고 독립된 지식으로 이해할 때가 많았습니다. '무지의 지'는 학문적인 겸손함이고, '문답법'은 그가 즐겨한 대화법이며, '엘렝코스'는 매서운 논박이란 식으로 말이죠. 그러나 소크라테스의 '장애물 뛰어넘기' 과정을 되짚어보면, 이것은 '무지의 지 – 문답법 – 엘렝코스 – 지적인 충격 – 산파술'로 이어지는 인과적 생각법임을 깨닫게 됩니다. 하나의 사이클이 끝나면 다시 '무지의 지'로 되돌아가서 더 깊이 있는 답을 향해 나아가도록 돕는 순환적 과정인 것입니다.

결국 정답을 찾는 올바른 생각의 과정은, 모른다는 것을 인정한 상태(무지의 지)에서 마음을 열고 문제에 대해 토론하는 것(문답법)으로 시작해야 합니다. 잘못된 풀이 과정에 대해 논박하면서(엘렝코스), 때로는 깜짝 놀라고 불쾌하기도 하지만(지적인 충격), 대화를 나누며 합리적인 생각의 길을 따라가다 보면 스스로 답에 이르게 됩니다(산파술). 그리고 그렇게 도출된 답은 어떤 것이든 편견 없이 받아들이면 됩니다. 진리에 가까운 답은 이런 올바른 생각의 과정을 반복하면서 탄생하게 됩니다.

"올바른 생각의 과정을 통해서만 정답에 가까워질 수 있다."

당연한 답에 반대하라

[소크라테스]
새로운 아이디어는 어떻게 탄생하는가

소크라테스의 생각법을 활용하려면 두 가지 절차가 필요합니다.

1. '당연한 답' 찾아보기
2. '당연한 답'에 의식적으로 반대해보기

당연함에 반대한다고 해서, 반대를 위한 반대를 하라거나 한국인의 말버릇처럼 무조건 '아니…'로 시작하란 뜻은 아닙니다. 소크라테스는 당연한 답은 거부했지만, 상대방의 생각에 대해서는 존중하는 태도를 유지했습니다. 당연한 답을 반대하는 일은 상대에 대한 거부가 아니고, 의식적인 관점의 전환으로 문제를 새롭게 설정하는 일입니다.

그렇다면 당연한 답을 찾아 의식적으로 반대해야 하는

이유는 무엇일까요?

<u>첫째, 새로운 아이디어는 당연함의 알을 깨는 순간 만들어지기 때문입니다.</u> 당연한 답이 만연한 세상엔 질문이 있을 수 없습니다. 노예 제도가 있던 고대 그리스에선 위대한 철학자들조차 노예제의 부당함이나 노예의 인권에 대해 별다른 의문을 제기하지 않았습니다. 차별이 당연했던 시대에는 참정권 같은 기본 권리를 제한하는 것에도 외문이 있을 리가 없었겠지요.

최초의 과학자로 추앙받는 탈레스가 위대한 점 역시 기존의 당연한 답이었던 신화적 관점(미토스)에 반대하며 과학적 사고를 시작했기 때문입니다. 이후 과학사 최고의 아이디어로 평가받는 뉴턴의 중력 이론, 아인슈타인의 상대성 이론, 현재의 양자역학 같은 것도 기존의 학문적인 패러다임의 틀을 깨고 나온 것임을 기억할 필요가 있습니다.

<u>둘째, 반대하려는 시도는 사고의 폭을 넓힙니다.</u> 예를 들어, '카페에서 다회용 머그컵을 사용하자'라는 제목을 보면, '일회용품 사용을 줄여서 환경 보호와 자원을 절약하자는 이야기겠구나' 하고 누구나 짐작할 수 있습니다. 새로운 아이디어는커녕 굳이 다시 말할 필요도 없어 보입니다. 반

면 '머그컵 사용도 답이 아니야!'라는, 당연함에 반대하는 의견은 어떨까요? 주장하는 사람 입장에서는 기존의 답을 비판할 새롭고 타당한 근거를 찾아야 하기에 논리를 개발하려 애쓰게 됩니다. 그 과정에서 사고의 폭이 확장됩니다. 듣는 입장에서도 일회용 컵은 나쁘다고 믿었는데, 뭔가 새로운 정보나 논리가 있는 것인지 호기심이 생깁니다. '대체 어떤 논리일까?' 하고 궁금해하며 듣는 사람 역시 새로운 방식으로 생각하게 됩니다.

<u>셋째, 반대 의견은 희소성, 그 자체로 가치가 있습니다.</u> 당연함이란 다수가 보편적으로 지지하고 공유하는 답입니다. 의견이 다른 소수는 동조 압력을 받아 점차 규모가 작아지게 됩니다. 하지만 우리는 다수의 결정이 늘 현명한 것은 아님을 알고 있습니다. 더욱이 회사의 경우, 예기치 못한 위험인 '만에 하나'에 대처할 수 있어야 합니다. 이때 소수의 다른 생각이 힘을 발휘합니다. 이를 가장 잘 보여준 영화가 바로 〈월드워Z〉입니다. 영화 속에서 이스라엘만 좀비 사태에 대비책을 세울 수 있었던 이유는 9명의 사람이 동일한 결론에 이르러도 열 번째 사람은 반드시 기존 결론에 반대해야 한다는 제도가 있었기 때문이었습니다.

사회는 동조 압력에 굴복하길 바라는 듯 보이지만, 사실은 '만에 하나'에 대비하기 위한 새로운 생각에 목말라 있습니다. 당연한 답은 들을 가치가 없지만, 새로운 의견은 희소하기에 귀를 기울이게 되고, 위기에 대응할 수 있도록 만듭니다. 업력이 오래되고 튼튼한 회사일수록 자기소개서나 면접장에서 창의적인 아이디어를 논리적으로 말하는 지원자를 선호하는 이유입니다.

아이디어를 만드는
소크라테스식 생각 활용법

선배: 좀 실망스럽네요.

신입: 일단 죄송합니다. 무슨 실수를 했는지 말씀해주시면…

선배: 일회용 컵! 카페에 올 때는 개인 머그컵을 들고 오면 좋잖아요.

신입: 잘 몰라서 그러는데요. 일회용 대신 머그컵을 사용해야 하는 이유가 있나요?

선배: 뭐라고요? 일회용은 한 번 쓰고 버리지만, 머그

컵은 여러 번 쓸 수 있잖아요.

자원도 절약되고 환경 보호도 할 수 있고… 왜 당연한 걸 묻고 그러죠?

카페에서 커피를 마시다 체할 만큼 다그치는 선배는 너무하지만, 신입 사원의 반응이 재미있습니다. 신입이라서 조심하려고 노력하면서도 굴하지 않고 되묻고 있습니다. 선배의 생각을 물어서 그가 가진 당연한 생각이 무엇인지 파악하려는 것입니다.

이때 선배의 생각을 한 줄의 핵심 문장으로 만들면 다음과 같습니다.

'머그컵 사용은 자원 절약과 환경 보호에 좋다.'

당연한 답을 알았다면 이제 반대로 생각해볼 차례입니다. 대화를 더 들어보겠습니다.

신입: 그런데 머그컵을 여러 번 사용하면 얼룩도 생기고 위생에 문제가 있지 않을까요?

선배: 그거야 설거지를 깨끗이 하면 되죠.

신입: 설거지는 어떻게 하죠?

선배: 당연한 걸 왜 자꾸 묻지? 일단 세제를 묻혀서 깨끗이 닦은 다음 물로 헹구죠.

신입: 세제와 물을 쓰게 되는군요. 그럼 오염된 물은 하수구로 흘러가겠네요?

선배: 생활하수는 처리 후 하천에 방류하고, 수돗물로 쓰기 전에 정수를 하니까 괜찮아요.

신입: 머그컵을 쓰면 물과 전기, 세제 등을 추가로 사용해야 되니까 자원 절약과는 멀어지고, 세제 섞인 오염수가 발생한다는 점에선 환경 보호도 어려운 셈이네요.

선배: 그게… 그런가?

신입: 머그컵 사용도 자원 절약과 환경 보호를 위한 최선의 방법은 아닌 것 같네요.

선배: (화가 나지만 참는다.)

대화에서 신입 사원은 당연한 앎에 반대하며 끈질기게 캐물으면서 문답법으로 대화를 이어갑니다. 이를 통해 일회용 컵보다 머그컵이 좋다는 답은 잘못된 생각일 수도 있다는 깨달음에 이른 셈입니다. 선배가 화가 난 점은 아쉽지만, 그 역시 엘렝코스로 인해 생각의 갑옷이 벗겨졌다는 뜻으로 이해하면 좋을 듯합니다. 이를 소크라테스식 생각법에 대입해 정리하면 다음과 같습니다.

먼저 '무지의 지'를 바탕으로 질문을 시작합니다. 이후 '문답법'을 활용하여 '머그컵 사용이 환경 보호에 좋다'는 당연한 생각의 근거를 파악합니다. 이제부터 의식적으로 반대의 관점에 서서 생각의 과정을 진행합니다. 그 결과, 머그컵 사용의 단점이 드러나게 됩니다. 또 여기선 말하지 않았지만 일회용 컵의 장점도 자연스레 함께 떠올리게 됩니다. 일회용 컵은 위생적이고, 추가적인 세제나 물 사용이 필요 없으며, 분리수거와 재활용에도 유리하다는 장점이 있습니다. 이 모두는 전에는 떠올린 적 없던 생각이기에 새로운 아이디어라고 할 수 있습니다. 이러한 생각의 과정을 거쳐, 결론에서 '머그컵 사용이 도리어 자원 절약과 환경 보호에 불리할 수 있다'는 참신한 주장을 만들어낼 수 있었습니다. 소크라테스식 생각법의 한 사이클이 완성된 셈입니다.

이제 순환하듯 이러한 생각법을 반복한다면 구호만 앞

서는 캠페인성 환경 보호의 문제점에 대해서도 논의해볼 수 있을 것입니다. 이런 생각법으로 논술 시험이나 면접을 본다면 분명히 남보다 좋은 점수를 받을 수 있겠죠?

위기를 대비하고 기회를 만드는 소크라테스식 생각법

앞서 이해를 돕기 위한 가상 대화를 살펴봤지만, 소크라테스식 생각법은 실제 일상생활에서 데이터를 분석하고 투자를 실행할 때도 유용합니다. 특히 부동산 시장이나 주가 전망처럼 낙관론과 비관론이 유행처럼 반복되는 영역에서는 더욱 그렇습니다.

부동산 가격이 가파르게 올라 거품이 끼었다는 기사가 쏟아지는 상황에선, 집이 꼭 필요한 사람조차 불안에 휩싸여 마음을 접게 됩니다. 어떤 회사의 신형 휴대폰 부문에서 손실이 났다는 보도가 나오면 많은 투자자들이 앞다투어 주식을 팔아치웁니다. 하지만 부동산이든 주식이든, 대중의 비관과 낙관에 따라 움직이는 것은 위험합니다. 남들 움직임만 따라가다 보면 살 만한 보금자리를 구하거나 투자 기회를 포착하기가 어렵기 때문입니다.

그래서 같은 데이터라고 하더라도 의식적으로 기존의 의견과 반대 방향에서 해석해보는 것이 중요합니다. 그 과정에서 지금의 부동산 가격이 인구 밀도와 소득 수준, 인플레이션 등의 요소를 고려하면 합리적인 가격이라는, 정서적으로는 결코 받아들일 수 없는 결론을 얻을 수도 있습니다. 마찬가지로, 투자 대상 회사의 휴대폰 부문은 반복적인 손실을 내왔지만, 주요 수익원인 백색 가전 부문은 손실을 상쇄하고도 남을 어닝 서프라이즈가 예상된다는 점을 발견할 수도 있습니다. 이러한 사실을 파악한 사람이라면, 남을 따라가는 대신, 새로운 기회를 선점할 수 있을 것입니다.

소크라테스식 생각법은 말과 글쓰기를 넘어, 낙관적일 때에는 위기를 대비할 수 있도록 돕고, 비관적 상황에서는 기회를 포착하게 해줍니다. 글쓰기와 말하기뿐만 아니라 일상에서도 유용한 소크라테스식 생각법을 배워야 할 이유입니다.

"과연 정말 그럴까? 당연한 답을 의심하라."

한 문장으로
핵심을 표현하라

[탈레스]

강한 주장을 완성하는

근거 만들기

소크라테스식 생각법을 활용해서 기막힌 아이디어를 만들었습니다. 이제 이 아이디어를 빨리 제대로 전달하고 싶은 욕구가 치솟아 오릅니다.

"대단해요! 어떻게 이런 생각을 하셨어요? 혹시 천재?"

이러한 찬사를 기대하면서 말을 시작했지만, 강하게 주장하려다 보니 목소리만 커집니다. 게다가 찬사는커녕 상대는 '이건 이래서 어렵고, 그건 좀 이해가 안 되고…' 이런 식으로 비판만 합니다. 결국 서운함과 답답함에 주먹까지 벌벌 떨면서 책상을 내리치고 맙니다.

"아, 됐고! 이미 결정한 거니까 시키는 대로 하세요!"

처음엔 사람 좋은 미소를 띠며 '나는 활짝 열린 사람이니까…'라고 했던 그는, 마음이 아니라 뚜껑이 열린 사람이란 별명을 얻고 맙니다. 강하게 주장하는 방법을 몰라서 벌어지는 또 다른 예는 온라인에서 쉽게 찾아볼 수 있습니다.

"저런 해설은 아마추어도 하겠다."
"그저 골만 넣으면 박수치는 '축알못'(축구를 알지 못하는 사람)들, 답답하다."

해설이 전문적이지 못하고 골 외에 전반적인 플레이 수준도 평가해야 한다는 의견인데, 비난이 섞여 있어 강하게 들립니다. 하지만 이런 말을 '강한 주장'이라고 인정할 수 있을까요? 이런 댓글을 볼 때마다 '글자 수가 제한된 댓글이니까 그런 것이겠지'라고 생각했습니다. 그런데 동네 사안을 논의하는 어른들이 모인 온라인 카페에서도 마찬가지였습니다.

이런 상황이 반복되는 이유는 '강한 주장을 감정적인 힘이 실린 주장'으로 오해하기 때문입니다. 야구, 골프, 수영과 복싱 어느 종목이든 힘을 빼고 정확한 폼을 유지하라고 가르칩니다. 힘이 들어가면 자세가 흔들리고 정확도도 떨어지기 때문입니다. 주장할 때도 마찬가지입니다. 힘 대신 폼에 신경 써야 합니다. 폼이 좋을수록 상대의 마음 깊은 곳까지 주장을 날릴 수 있고, 상대방을 설득할 확률이 높아집니다. 그렇다면 글쓰기나 말하기에서 '폼'이란 무엇일까요?

바로 주장과 근거라는 형식입니다.

강한 주장 = '새로운 아이디어'가 담긴 [주장] + '타당한' [근거]

강한 주장에 새로운 아이디어가 필요한 이유는, 당연한 주장에는 세세한 근거가 필요 없기 때문입니다. 예를 들어 회의 시간에 뚜껑이 열려 있는 상사가 아래와 같이 주장하는 모습을 상상해보죠.

"매출 실적이 중요하다! 우리는 영업 부서니까."

매출의 중요성은 영업 부서에서 일하는 사람이라면 모두 아는 것입니다. 열심히 떠들어봤자 다들 '또 매출 압박이구나!' 하면서 메모하는 척 낙서나 끄적일 겁니다.

'매출은 전혀 중요하지 않다! 스트레스만 주는 숫자일 뿐이니까.'

반대로 새로운 아이디어만 앞서고, 논리적으로 타당한 근거가 희박한 경우에도 강한 주장이 되기는 어렵습니다. 따라서 강한 주장은 언제나 '새로운 아이디어+타당한 근거'라는 구조로 짝을 이루어야 합니다.

여기까지 강한 주장의 기본 구조를 알아봤습니다. 하지만 구체적인 방법은 여전히 모호합니다. 최초의 철학자로 알려진 탈레스라면 그 방법을 알고 있지 않을까요?

주장은 한 문장으로 명료하게 표현하라

탈레스는 소크라테스보다 대략 100-150년 전, 지금의 튀르키예 밀레토스 지역에서 활동했던 철학자입니다. 전해지는 저술이 없어서 다른 학자의 문헌을 간접적으로 참고해야 하고, 널리 알려진 말이라곤 '만물의 근원은 물이다' 정도입니다. 그런데도 최초의 철학자라는 엄청난 타이틀을 갖게 된 이유가 궁금하기도 하고, 강하게 주장하는 법까지 그에게서 배우겠다니 의아할 것입니다.

탈레스가 살던 시기의 고대 그리스 사람들은 세상 만물에 대해 나름의 답을 찾고 싶어했습니다. 그래서 하늘과 바다, 비와 바람 등 세상의 변화를 신과 연결지어 해석하려 했습니다. 이를 '신화적 사고'라는 의미를 담아 '미토스mythos'라고 부릅니다. 반면 탈레스는 미토스라는 당연한 생각에 반대하며 논리적으로 사고하기 시작했습니다.

'물이 단단한 얼음이 됐다가 열을 가하면 수증기인 기체가 되듯이, 세상 만물은 겉으론 제각각 달라 보이지만 한 가지 근원적인 물질로 이루어진 것은 아닐까?'

그렇게 탈레스는 세상의 근원을 탐구하면서 만물을 구성하는 근원 물질인 '아르케arche'라는 개념을 떠올립니다. 그리고 아르케는 '물'이라고 주장하기에 이릅니다. 이 단순하지만 놀라운 사고 과정에서 강한 주장을 위한 방법을 발견하게 됩니다.

첫째, 강한 주장은 문제 설정에서 시작된다는 것입니다. 문제 설정은 앞으로 논의할 주제를 보여주며 서론에서 글을 여는 역할이라고 학교에서 배웁니다. 쉽게 말해 주제의 어떤 점을 탐구해보겠다고 질문을 던지는 것이죠. 그래서 아래와 같이 문제를 설정하고 글을 시작하게 됩니다.

주제: 출산율 저하 문제
문제 설정: 출산율 저하 문제의 해결책은 무엇인가?

주어진 주제를 질문으로 그대로 이어 붙이는 건 우리에게 익숙한 문제 설정 방식입니다. 그러나 이 방식은 주어진 주제의 관점을 당연한 듯 받아들인다는 데 문제가 있습니다. 그렇게 되면 더 깊이 있는 논의가 불가능해지고 새로운 아이디어를 만들 수가 없습니다.

누군가는 논술 시험이라면 출제자의 관점을 따라야 하는 것 아니냐고 반문할 수도 있습니다. 하지만 논술 평가와 심사를 많이 해본 제 경험에 의하면, 당연한 관점을 극복하고 더 나은 문제 설정을 하는 사람은 소수지만 놀랍게도 늘 존재했습니다. 그들의 글이 주목을 받고 더 높은 점수를 받게 될 가능성이 높은 것은 당연합니다. 눈앞의 현상이 아니라 '궁극적인 문제는 무엇인가?'를 되물으며 그 너머를 보려 했기 때문입니다.

우리가 사용하는 대화의 맥락에도 이런 문제가 숨어 있습니다. 소개팅을 하는 자리에서 저녁 식사를 마치자 상대가 이런 제안을 합니다.

"카페에 가서 커피 한 잔 하실래요?"
"아까 식사를 많이 했더니 배가 불러서요."

카페에 가자는 요청을 곧이곧대로 음료수를 마시는 행위로 연결하여 문제 설정을 하는 사람은, 답변이 배가 불러서 카페에 갈 수 없다로 끝날 수밖에 없습니다. 그렇게 집에 가면 다시는 상대에게서 연락이 오지 않겠지요. 올바른 문제 설정은 '커피 한 잔'이라는 현상이 아니라, 그 너머에 있는 '좀 더 대화하고 싶은 마음'일 것입니다.

탈레스 역시 변화 너머에 있는, 원리를 묻는 문제 설정을 합니다. 즉 '변화하는 현상 너머의 불변하는 근원은 무엇인가?'라고 질문한 것이죠. 이 질문은 지금도 학계에서 기본

입자, 에너지, 정보 등이라고 주장하며 답을 찾고자 애쓰는 질문입니다. 수천 년 전, 그의 문제 설정이 얼마나 탁월한 것인지 새삼 놀라게 됩니다.

둘째, 근거가 논리적으로 타당하며 입체적이어야 합니다. 탈레스는 강력한 근거가 뒷받침될 때 강한 주장이 될 수 있음을 보여줍니다. 실제로 아리스토텔레스 등 철학자들은 탈레스의 주장을 따져 보면서, 그가 다음을 주장의 근거로 삼았으리라 추론합니다.

물은 다양한 형태(고체, 기체, 액체)로 바뀐다.
모든 씨앗에는 물이 있다.
열(생명)은 물에서 나온다.
땅은 물 위에 떠 있다.

물은 얼면 고체가 되고, 날씨가 더우면 증발하여 구름과 같은 기체가 되었다가 다시 응축하여 비가 되어 쏟아집니다. 빗물을 만난 식물은 싹을 틔우고 모든 동식물은 물을 활용하여 생명을 유지하죠. 그런가 하면 땅끝까지 걸으면 언제나 물로 된 바다가 나옵니다. 이러한 근거들은 누구나 경험적으로 확인할 수 있기에 사람들을 설득하는 강력한 논리적 근거가 됩니다. 또한 그 근거의 범주 역시 형태 변화적 측면, 생물의 구성 요소, 생명 원리, 지리학적 요소를 아우르며 입체적으로 제시되었기에 설득력이 높습니다.

물이 아르케라는 탈레스의 주장은 현재 지식과 차이가 있지만, 누구나 관찰 가능한 경험적 근거를 제시했다는 점에서도 가치가 있습니다. 이러한 접근은 훗날, 영국의 철학자 칼 포퍼Karl Raimund Popper가 과학과 비과학을 구분하는 기준으로 제시한 '반증 가능성'과 연결됩니다. 즉, 과학적 이론은 경험적 관찰과 증거로 거짓임을 검증할 수 있는 가능성이 열려 있어야 한다는 것인데, 이런 관점에서 보면 탈레스의 근거 역시 과학적이라고 평가할 수 있기 때문입니다.

주장은 물리적인 힘이나 목소리가 아니라 '타당한 논리적 체계'를 갖춘 근거가 있을 때 강해집니다. 이때 '타당한'은 확인 가능하고 인정할 수 있는 사실이어야 한다는 뜻이고, '논리적 체계'라는 말은 다양한 측면에서 입체적인 근거를 제시할 수 있어야 한다는 의미입니다.

<u>셋째, 주장은 한 문장으로 명료하게 표현될 때 강해집니다.</u> 탈레스의 주장은 명확하고 단순합니다.

"세상 만물의 근원(아르케)은 물이다."

탈레스의 주장은 결정적인 한 문장으로 요약할 수 있습니다. 이런 표현법은 복잡한 것을 단순하게 이해하고 싶은 사람의 습성과 잘맞아 효과적입니다. 또 최소한의 원리로 설명되는 쪽이 복잡한 이론보다 정답에 더 가까울 수 있다는 점에서 과학적인 접근법입니다.

예를 들어 미토스와 같은 신화적 관점에서 현상을 설명하려면, 무수히 많은 신의 존재를 상정해야만 합니다. 또한 서로의 관계까지 설명해야만 하죠.

'바다는 포세이돈이 다스리고, 번개는 제우스가 던지는 창이다. 두 사람은 원래 형제 관계인데…'

이런 식으로 날씨 변화를 비롯하여 세상에서 일어나는 모든 현상을 설명하려면 이야기가 덕지덕지 불어나게 됩니다. 반면 '아르케는 물이다'라는 문장은 복잡한 이야기 만들기 없이 최소한의 이론만으로 비가 오고 생명이 싹트는 자연현상을 일관되게 설명할 수 있습니다.

한 문장으로 핵심을 표현하는 방식은 학문뿐 아니라 대중 매체에서도 널리 사용합니다. OTT의 영화나 드라마 소개 문구가 이에 해당되죠. 그곳에서 콘텐츠의 내용을 한 문장으로 정리한 로그라인^{logline}을 볼 수 있습니다. 몇 시간짜리 작품의 줄거리를 어떻게 한 줄로 표현할까 싶지만, 재미있는 작품과 그렇지 않은 콘텐츠는 놀랍게도 그 한 줄에서 갈릴 때가 많습니다. 따라서 늘 주장과 근거를 강렬하고 심플하게 담아낼 핵심 문장을 고민해야 합니다.

"강한 주장은 힘이 아니라 폼에서 나온다."

현상 너머의
근원적 문제를 찾아라

[탈레스]

3가지 근거로 강하게 주장하기

문제 설정은 '궁극적으로 무엇이 문제인가?'라고 묻는 것입니다. 그에 따라 주장과 해결책에 대한 아이디어도 180도 달라집니다. 이솝 우화〈북풍과 해〉의 이야기는 이를 설명하는 좋은 사례입니다.

　바람과 해는 누가 먼저 나그네의 옷을 벗길 것인가를 두고 내기를 합니다. 이때 바람과 해는 서로 다른 관점으로 문제를 설정합니다. 바람은 '나그네가 입은 옷'을 현상 그대로 바라봅니다. 옷이 나뭇잎처럼 나그네 몸에 붙어 있는 것이라면, 강한 바람으로 떨구는 것이 합리적인 결론입니다. 그래서 온 힘을 다해 바람을 불어봅니다. 하지만 나그네는 옷깃을 더 강하게 여미게 되죠.

　반면 해는 현상 너머의 원리를 봅니다. 옷은 언뜻 나그네 몸에 붙어 있는 것처럼 보이지만 추위를 막기 위한 것으로 본 것이죠. 그래서 추위가 가시도록 빛을 내리쬐는 해결책을 선택합니다. 결국 나그네는 더위를 이기지 못하고, 옷을 벗고 강으로 뛰어듭니다.

나그네의 옷 (현상)

바람: 몸에 붙은 옷 (문제 설정) → 불어서 떨구기 (해결책)

해: 추위 때문에 입은 옷 (문제 설정) → 춥지 않게 해주기 (해결책)

매 순간 우리 앞에는 답을 요구하는 다양한 문제가 놓입니다. 출산율 저하, 회사의 수익 악화부터 집에선 휴대폰만 보는 아이라는 현상까지 말이죠. 그런데 대부분은 표면적인 현상에 사로잡힌 나머지, 별다른 고민 없이 문제 설정을 해버리고 해결책을 들이밀게 됩니다.

(현상) 회사 수익 악화 → (문제 설정) 비용 절감 → (주장과 해결) 복지 비용 축소

(현상) 휴대폰 보는 아이 → (문제 설정) 휴대폰이 문제

→ (주장과 해결) 휴대폰 빼앗기

(현상) 출산율 저하 문제 → (문제 설정) 경제적 부담 → (주장과 해결) 보조금 지급

    회사 수익 악화의 원인에 대한 근본적인 분석 없이 고정비처럼 나가는 간식, 복지비를 줄인다면 직원들은 냉소적인 반응을 보일 것이고 근로 의욕은 한 단계 더 하락하겠죠. 당장의 수익 악화라는 문제를 뛰어넘는 중장기적인 손실이 추가로 발생할 수 있습니다. 마찬가지로 '휴대폰이 문제네!'라면서 눈앞에 보이는 휴대폰을 빼앗는다면, 자녀는 부모에 대해 반발심만 갖게 될 것입니다.
    앞서 잠깐 살펴본 출산율 하락 문제는 육아를 위한 경제적 부담 외에도 다양한 문화 사회학적 맥락이 숨어 있습니다. 보조금을 지급하는 게 어느 정도 도움은 되겠지만, 돈을 받자고 출산하는 사람은 주변에서 본 적이 없으니 한계가 있는 해결책입니다. 이때 출산율 저하를 문제로 보는 관점을 그대로 받아들이는 대신, '출산율 저하가 과연 문제인가?'라는, 현상 너머의 질문을 할 수 있어야 합니다.

[주제] 출산율 저하 문제

[문제 설정] 출산율 저하는 과연 문제일까?

우리는 인구를 국력이자 생산력의 지표로 삼는 데 익숙합니다. 하지만 4차 산업혁명, AI 시대가 도래한 지금, 과연 노동력과 인구 기반의 생산, 소비 논리가 여전히 유효한지는 충분히 되물을 만한 질문입니다. 예컨대 다음과 같은 의문을 제기할 수 있어야 합니다.

- 과거의 산업 구조와 논리를 답습해서 출산율을 무조건 높이려는 접근은 유효한가?
- 생산 가능 인구 감소는 반드시 위기로 이어지는가?
- 기술과 정책으로 대응하여 적은 인구로도 잘 사는 방법이 있는 것은 아닐까?
- 아이를 안심하고 낳아 양육할 수 있는 사회적 신뢰를 주는 게 더 중요한 과제가 아닐까?
- 적은 인구로도 살 만한 사회가 된다면, 출산율은 자연스럽게 회복되지 않을까?

이 질문들은 인구 감소를 문제가 아닌 적응의 관점에서도 바라보고 있음을 알 수 있습니다. 문제 설정은 곧, 해법의 방향을 결정합니다. 따라서 현상이 주제로 주어졌을 때, 그것을 고민 없이 문제 설정으로 바로 이어 붙이는 방법으로는 답을 찾기 어려울 때가 많습니다.

쉬운 문제라면 이미 해결되었을 테고, 아직 풀리지 않은 문제라면 그 너머에 복잡하고 더 심층적인 맥락과 배경이 숨어 있을 것이기 때문입니다. 따라서 문제 설정을 할 때는, (당연한 답에 의식적으로 반대하는 소크라테스식 생각법처럼) 당연한 관점이 무엇인지 살핀 뒤 그에 대해 질문하고 고민해야 합니다. 그에 따라 해결책과 결론 역시 달라집니다.

근거는 세 가지로 요약하라

주장을 위한 근거는 많으면 많을수록 설득력이 높아진다고 생각하는 경우를 종종 봅니다. 예를 들어 게임이 나쁘다는 당연한 생각에 반대하면서, 아래와 같은 근거를 찾은 경우를 생각해보겠습니다.

게임이 유익하다는 근거

1. 온라인으로 여럿이 즐기는 게임은 소통 능력을 길러 준다.
2. 모션 인식 게임의 경우, 재미있게 운동할 수 있도록 해줘서 건강에 도움을 준다.
3. 눈과 손, 발의 빠른 반응을 유도해 순발력이 높아진다.
4. 문제 해결 능력과 전략적 사고를 길러준다.
5. 깅만 몰입을 통해 집중력을 높인다.
6. 디지털 세계에 대한 적응력이 높아지는 교육적인 효과가 있다.
7. 다양한 문화권의 사람과 커뮤니케이션할 수 있어 문화적 포용력이 커진다.

어떤가요? 근거가 너무 많다 보니 읽다가 지겨워지기도 하고 어떤 근거였는지 금세 잊게 되기도 합니다. 이런 때에는 근거를 일목요연하게 카테고리별로 범주화하여 제시하면 좋습니다. 가급적이면 세 가지 정도의 근거로 정리해 보세요.

게임이 유익하다는 근거

1. 자기계발이 가능하다.

   강한 몰입을 통해 집중력 향상, 문제 해결, 전략적 사고 능력이 계발된다.

2. 건강에 도움이 된다.

   운동을 재미있게 할 수 있도록 도우며, 눈과 몸의 협응력도 높일 수 있다.

3. 교육적 효과도 높다.

   글로벌한 소통 능력과 문화적 수용력은 물론, 미래를 위한 교육에 효과적이다.

자기 계발, 건강, 교육 측면이라는 3가지 범주로 정리하자 근거가 훨씬 깔끔해졌습니다. 왜 굳이 세 가지로 정리하느냐고 묻는다면, 3이란 숫자가 우리에게 익숙한 구조이기 때문입니다. 글과 말은 서론, 본론, 결론으로 구성되고, 스토리텔링도 문제, 과정, 해결이란 세 가지 구조를 갖는 등 세 가지로 구분하여 생각하는 건 우리에게 친숙합니다. 또, 한두 가지의 근거는 부족해보이는 반면, 네 가지가 넘어가면 복잡하다고 느끼는 인지적 경향 때문이기도 합니다. 무엇보다 여러 근거를 죽 늘어놓게 되면 요약과 정리가 덜 된 주장이라는 오해를 받을 수 있습니다. 그러니 말과 글뿐만 아니라 보고서, 기획안을 쓸 때도 가급적 3가지 범주로 정리하여 제시하는 습관을 기르는 것이 좋습니다.

기억에 남는 로그라인 문장을 만들자

로그라인은 주로 콘텐츠의 기획 내용을 한 문장으로 축약한 것을 의미합니다. 예를 들어 주디 갈런드 주연의 1939년 영화 〈오즈의 마법사〉의 로그라인은 다음과 같습니다. '토네이도에 휘말려 마법의 세계 오즈에 떨어진 소녀는 집으로 돌아가는 여정 속에서 용기, 사랑, 지혜를 발견한다.' 이처럼 로그라인으로 표현된 한 문장은 여러 장점이 있습니다. 독자나 청자의 관심을 끌 수 있고, 핵심 내용을 명료하게 전달할 수 있습니다. 아울러 잘 만들어진 한 문장은 상대의 태도와 관점까지 바꿀 수 있는 힘이 있습니다. 이때 단순히 주장이나 말하려는 바를 축약하기만 해서는 부족합니다. 단어에 숨겨진 다양한 의미를 포착할 수 있어야 합니다.

'기업의 사회 참여 활동의 일환으로 홍보 및 멘토링 프로그램 중심의 대학생 대외 활동을 운영하고자 합니다.'

위의 대외 활동 홍보 문장은 정보를 충실히 담고 있어 회사 기안서에는 어울리지만, 참여 대상인 대학생은 물론, 내부 직원들의 협조를 받기에는 설득력이 부족해보입니다. '기업의 사회 참여 활동의 일환', '멘토링'이라는 용어는, 자신의 업무로 바쁜 내부 직원 입장에선 '일방적으로 베푸는, 내 업무와 무관한, 귀찮은 활동'으로 인식되기 때문입니다. 참여 대상인 대학생도 '소극적으로 받기만 하는, 위계가 존재하는, 뻔한 홍보 활동'이라는 인상을 받게 됩니다.

참여 대상과 내부 직원이 모두 적극적으로 참여하고 협조할 수 있도록 유도하기 위해서는 서로 도움을 주고 받으며 윈-윈할 수 있는, 상호 호혜적인 활동에 대한 기대가 담긴 문장으로 고쳐야 합니다.

'아이디어 발굴과 콘텐츠 창작 중심의 청년-기업 전문가 네트워크를 운영하고자 합니다.'

이 문장은 '기업 홍보'라는 단어 대신, '아이디어 발굴과 콘텐츠 창작 중심'이라는 단어를 사용했습니다. 기업의 입맛에 맞게 SNS에 홍보하는 대외 활동의 수동적인 틀에서 벗어나, 자유롭게 아이디어를 내고 콘텐츠를 창작하는 적극적인 활동을 기대하게 합니다. 기업 입장에선 제품 기획이나 마케팅과 관련한 참신한 아이디어를 얻을 수 있으므로, 회사 내부 직원 역시 본인 업무에 도움이 되는 활동이라는 기대를 가질 수 있을 것입니다.

또한 멘토링이라는, 다소 위계가 연상될 수 있는 단어 대신 '전문가 네트워크'라는 표현을 사용하여 수평적인 느낌을 줍니다. 결과적으로 '상호 호혜적이고, 수평적인, 창작 중심의 활동'이라는 구체적인 의미가 잘 드러나는 문장이 되었습니다. 당연히 활동 내용 역시 이 문장에 맞춰서 더 창의적이고 자유롭게 바뀔 수 있겠죠.

이러한 로그라인 문장을 만들기 위해서는 평소 영화나 드라마 소개 글을 유심히 보는 게 도움이 됩니다. 그리고 유튜브 썸네일, 소설의 첫 문장 역시 곱씹어보는 습관을 갖는 것이 좋습니다. 어떤 문장이 호기심을 불러일으키는지, 스토리가 잘 드러나게 정리됐는지, 공급자 입장이 아니라 수

용자 입장에서 좋아할 만한 표현인지를 생각하며 문장을 다듬는 연습이 필요합니다. 그렇게 한 단어씩 고민하다 보면 세부적인 아이디어가 구체화되고, 말과 글의 콘셉트도 명료하게 드러나게 됩니다. 주장과 내용을 콤팩트하고 임팩트 있게 전달하는 문장을 쓸 수 있게 됩니다.

"현상 너머를 보는 문제 설정이 필요하다."

◆ 5

주장엔 반드시 비판이 따른다

[밀레토스 학파]
주장을 강화하는 비판하기

연구 논문은 강한 주장을 담은 글의 모범적인 사례입니다. 연구자는 참신한 문제 설정을 하고 논리적인 근거로 주장을 뒷받침합니다. 그럼에도 불구하고 비판은 피할 수 없습니다. 동료 학자의 심사 과정인 동료 평가 peer review를 거치지 않으면 저널에 논문을 발표할 수 없기 때문입니다. 이 과정이 필요하다는 것은 알겠지만, 직접 겪어보면 무척 괴롭습니다.

제가 대학원 시절 처음으로 논문을 투고했을 때, 게재가 어렵다는 통보를 받았습니다. 실망한 나머지 심사 의견을 대충 훑어보고 한동안 읽지 않았습니다. 하지만 논문을 묵히기 아까워서 다시 투고하기로 마음먹고 심사 의견을 꼼꼼히 다시 읽었습니다. 두 명의 심사자는 좋은 점수를 주었고 도움이 되는 코멘트도 있었지만, 또 다른 한 명은 납득하기 어려운 서너 줄짜리 평을 남겼습니다. 앞선 두 분의 비판을 반영해서 논문을 보완했고, 결국 게재에 성공할 수 있었습니다. 그 후 다른 사람의 논문을 심사하는 상황이 될 때면 저는 과거 두 사람의 좋은 비판과 한 사람의 나쁜 비판을 떠올리며 의견을 씁니다. 그리고 다음과 같은 멘트를 빼먹지 않고 저자에게 남깁니다.

"제 심사 의견이 더 좋은 연구 및 논문 작성에 도움이 되었으면 합니다."

비판을 사전에서 찾아보면, 옳고 그름을 판단하거나 잘못을 지적하는 것으로 정의됩니다. 그래서인지 비판을 지적과 동의어로 오해하는 경우가 많습니다. 하지만 비판이 '지적질'이 되어 감정적 상처로 이어지는 건 바람직하지 않습니다. 결국 비판이라면 질색을 하면서 '나도 안 할 테니 너도 하지 마!'라는 식이 되어 버릴 수 있기 때문입니다.

우리는 비판 없이 살아갈 수 없습니다. 자신에 대한 비판적 성찰 없이는 훌륭한 인격을 가진 사람으로 성장하기 어렵고, 비판받기 싫다고 내 주장을 포기하고 사는 것 역시 어리석은 일입니다. 주장에는 바늘과 실처럼 비판이 따라온다는 것을 받아들여야 합니다. 또한 강한 주장은 그 힘에 비례해서 강한 비판으로 되돌아온다는 것도 알아야 합니다. 비판이 나쁜 것이 아니라 올바른 비판법과 수용 방법을 모르는 게 나쁜 것입니다.

그렇다면 올바른 비판이란 무엇일까요? 이 질문에 대한 답은 탈레스와 그의 제자들이 속한 밀레토스 학파의 전통에서 찾을 수 있습니다.

철학적 사고의 폭을 넓히는 비판의 기술

고대 그리스 밀레토스 학파를 보면 특별한 전통이 눈에 띕니다. 바로 스승의 말을 스스럼없이 반박하는 제자들의 모습입니다. 그 시작은 탈레스와 그의 제자인 아낙시만드로스였습니다. 탈레스는 "세상의 근원 물질은 물이다"라고 주장했습니다. 하지만 전해지는 문헌을 토대로 상상을 곁들여보면, 제자는 그 견해에 대해 고개를 갸웃하며 "선생님, 그건 좀 아닌 것 같아요"라고 말하는 듯합니다.

아낙시만드로스는 스승이 주장한 '물' 대신에 '아페이

론'이라는 새로운 상상의 존재를 들고 나왔습니다. 아페이론은 물이나 불처럼 직관적으로 알 수 있는 물질이 아니라서 모호합니다. 전해지는 문헌을 종합하여 요약해보면, 아페이론은 대략 다음과 같이 묘사할 수 있습니다.

> '무한정한 것(아페이론)에서 대립되는 것들이 분리되어 나와 세계가 생겨난다. 이것들로부터 생성과 소멸이 있게 된다.'

처음엔 이게 뭔가 싶지만, 이를 통해 뜨거운 것과 차가운 것, 불과 물처럼 완전히 대립되는 성질이 어떻게 생겨나는지를 설명하려 했음을 알게 됩니다. 그는 세상 만물이 근본 물질인 아르케에서 출발했다는 핵심 아이디어에는 동의했지만, 물에서 불이 나온다는 등의 논리는 성립이 어렵다고 본 것이죠. 타당한 부분은 살리고 잘못된 논리와 근거는 조목조목 따져 보는 것이 밀레토스 학파의 비판법이었던 것입니다.

《소크라테스 이전 철학자들의 단편 선집》에 실린 해설을 참고하여 아낙시만드로스가 탈레스 이론에 대해 비판한 내용을 조금 더 자세히 들여다보면, 첫째, 물이 근원 물질이라면 뜨거운 불도 물에서 나오는 것이 되니 모순이 됩니다. 둘째, 땅(지구)이 물에 떠 있다고 가정하면, 이것을 받치는 또 다른 존재가 필요해집니다. 따라서 그는 이 문제를 다음과 같은 아이디어로 해결하고자 합니다. "뜨거운 것, 차가운 것, 마른 것과 축축한 것처럼, 대립되는 성질이 '아페이론'에서 분리되어 나온다" 또한 "땅(지구)은 떠받쳐진 게 아니라, 모든 방향에서 같은 거리만큼 떨어져서 공중에 떠 있는 상태다."

아낙시만드로스의 말은 얼핏 뜬구름 잡는 이야기처럼 들릴 수 있습니다. 하지만 가만히 들여다보면 꽤 날카롭습니다. 물이나 불처럼 특정한 성질을 지닌 물질로는 서로 대립하는 성질들이 세상에 어떻게 나올 수 있는지를 설명하기 어렵습니다. 앞에서 말했듯, 물에서 불이 나오거나 불에서 물이 나오는 건 상상하기 힘들죠. 뜨거움과 차가움, 마름과 축축함 같은 상반된 성질이 동시에 나오려면, 특정한 속성을 갖지 않는 근원 물질을 상정하는 게 합리적입니다. 그래서 아페이론을 만물의 근원으로 제안한 것입니다.

지구가 떠 있다는 발상 역시 기발합니다. 고대에는 땅

이 평평한 것처럼 지구도 분명히 평평한 모습이고, 그 땅을 거북이 같은 동물이 떠받치고 있을 것이라고 상상하는 경우가 많았습니다. 그런데 이때 지구를 떠받친 거북이도 밑에서 또 다른 무언가가 받쳐주고 있어야 합니다. 이렇게 따져 나가다 보면 거북이를 떠받치고 있는 존재를 무한히 상상해야 하는 상황이 벌어집니다. 장하석 교수는 《장하석의 과학, 철학을 만나다》라는 책에서, '거북이는 무엇을 딛고 있느냐'라는 문제는 결국 데카르트가 찾던 절대적 기초, 곧 '토대주의'를 떠올리게 한다고 말합니다. 토대주의는 지구를 떠받치는 거북이에게 단단히 딛고 설 땅이 필요하듯이, '진리'라는 확실한 토대가 있어야 학문과 지식을 그 위에 쌓을 수 있다는 진리관입니다.

하지만 이런 생각은 소크라테스편에서 이미 살펴보았듯이 '진리는 찾기 어렵다'는 문제에 부딪히기 마련입니다. 반면, "모든 방향에서 같은 거리에 떠 있다"는 그의 표현은 위아래, 왼쪽과 오른쪽의 구분이 없는 상태를 뜻하기에 진리라는 확실성 위에서만 학문이 가능하다고 믿는 토대주의의 한계를 세련되게 넘어서는 것처럼 보입니다. 더 나아가 오늘날 우리가 이해하는 '우주 공간에 떠 있는 지구'라는 이미지와도 자연스럽게 맞닿아 있습니다.

아낙시만드로스의 통찰은 여기서 그치지 않습니다. 그는 이후 철학에서 중심 과제로 부각되는 대립물의 문제를 본격적으로 제기한 인물이기도 합니다. 물과 불, 뜨거움과 차가움 같은 인간의 이항 대립적 사고방식, 그리고 자연계에 존재하는 대립물의 원리를 철학적 탐구의 주요 대상으로 끌어올린 것이죠.

이후 그의 제자인 아낙시메네스가 비판의 전통을 이어갑니다. 그는 아페이론의 모호함을 극복하고자 근원 물질로 '공기'를 제안했습니다. 공기가 응축되면 물이 되고, 그것이 지속되면 흙과 돌이 된다는 논리였습니다. 주변에서 쉽게 관찰할 수 있는 공기뿐 아니라 밀도의 개념을 끌어와서 물질의 변화를 설명하는 방식을 고안해냈다는 점은, 스승의 이론보다 직관적이고 이해가 쉽다는 장점을 가진 주장입니다.

이처럼 밀레토스 학파의 전통을 보면, 스승의 주장과 사상을 무조건 따르기보다 비판을 통해 더 나은 아이디어로 발전시키려 했음을 알게 됩니다. 탈레스의 '물'이란 답은 비판받았지만, '아르케'라는 핵심 개념은 더욱 정교해졌습니다. 또한 비판의 과정에서 대립물의 개념과 밀도 등이 논의

되면서 철학적 사고의 폭도 더욱 넓어졌습니다.

결국 비판은 지적하고 부정하는 것이 아니라, 기존 생각을 계승하면서도 그것을 넘어서는 창조적 발전의 과정임을 그들로부터 배우게 됩니다.

비판은 주장을 발전시키기 위한 것이다

밀레토스 학파의 비판법은 지적과 부정이 아니라 정밀한 검토를 통해 문제를 진단하고 치료하는 과정과 닮아 있습니다.

1. [검사] 치료가 필요한 부분을 파악한다.
2. [진단] 치료 부위를 정하고 병명을 판단한다.
3. [치료] 적절한 방법을 택해 치료한다.

의사는 환자가 건강한 상태인지 확인하기 위해 먼저 철저한 검사를 진행합니다. 문진을 통해 상태를 묻고, 머리부터 발끝까지 어디가 불편한지 꼼꼼히 살펴보지요. 그렇게 해서 치료가 필요한 부분을 정확히 찾아냅니다. 반면, 돌팔이 의사는 대충 훑어본 뒤 "여기가 문제였군!" 하고 성급하게 단정 지은 후 엉뚱한 치료를 시작합니다. 대상에 대한 충분한 이해 없이 섣불리 판단하고 지적한다면, 제대로 된 치료가 이루어질 수 없습니다. 오히려 환자가 더 아프고 혼란스러워할 겁니다.

비판도 마찬가지입니다. 상대 주장에 대한 이해 없이 이루어지는 비판은, 아무런 도움도 되지 않습니다. 결국 비판을 받는 사람에겐 거부감과 짜증만 남게 되지요.

밀레토스 학파의 비판법이 건설적이었던 이유는, 스승과 제자로서 상대의 주장을 충분히 이해한 상태에서 비판적인 논리를 전개했기 때문입니다. 제자들이 아르케의 개념은 받아들이고 아르케 후보 물질에 대해서는 비판을 가할 수 있었던 것 역시 이 같은 이해가 선행됐기 때문이죠.

검사가 끝나면 아픈 원인은 무엇이었는지 진단을 하게 됩니다. 밀레토스 학파 역시 '아르케는 물이다'라는 논거 중에서 납득하기 어려운 설명은 무엇인지, 그 문제를 어떻게 해결할 수 있을지에 집중하며 비판을 전개했습니다. 건강한 곳은 놔두고 아픈 곳에만 주의를 집중하는 것이지요. 보통은 이 과정에서 자주 실수가 튀어나오곤 합니다. 금이 간 팔목은 놔두고, 사소한 피부 트러블에만 신경 쓰는 식으로 상대방의 말실수나 지엽적인 문제를 물고 늘어지는 경우입니다. 이런 식의 비판은 감정싸움으로 번질 수 있기에 주의해야 합니다. 핵심 문제를 찾아서 냉정하게 그 부분에 대해서만 논리적으로 비판할 수 있어야 합니다.

검사와 진단이 끝났다면 본격적인 치료를 해야 합니다. 밀레토스 학파가 '스승의 주장은 틀렸어!'에 그치지 않고, '아페이론', '공기' 등 기존의 문제를 극복할 대안을 제시한 것처럼 말이죠. 진단만 있고 치료가 없다면 환자는 '그래서 어쩌라고?' 하며 당황하게 될 겁니다. 비판은 기존 주장의 문제점을 극복하고 새로운 해결책을 제시함으로써 완성됩니다.

비판의 목표는 기존 주장을 소멸시키는 것이 아니라 발전시키는 것입니다. 탈레스의 '물'은 반박당했지만, '아르케' 개념은 비판을 거치며 더욱 강력해졌습니다. 또한 이항대립, 우주론, 밀도 등 새로운 개념들이 등장하면서 사고의 지평도 넓어졌습니다.

<u>올바른 비판은 문제점을 지적해서 기존 주장을 약하게 만드는 것이 아니라, 좋은 아이디어를 살려 더 강하게 만드는 과정입니다.</u>

요컨대 비판은 주장을 제대로 이해한 사람에 의해 제기되어야 하며, 구체적인 상대가 있다는 점에서 예의를 지켜야 합니다. 또한 비판은 나 자신에게 가장 먼저 적용되어야 합니다. 상대의 주장을 들을 때 무조건 '아니다'라고 부정하지는 않았는지, 비판을 우월감의 기회로 삼지는 않았는지 돌아봐야 합니다.

주장과 비판은 결국 같은 목표를 향한 대화 과정입니다. 올바른 비판의 방법을 배우고 활용한다면 우리는 더 나은 사고와 결과를 만들어갈 수 있습니다.

"비판은 주장을 약화시키는 게 아니라 더 강하게 만드는 과정이다."

비판은 좋은 삶을 위한
사고방식이다

[밀레토스 학파]

올바른 비판을 위한 3가지 주의점

비판적 성찰, 비판적 사고, 사회 비판, 문화 비판, 미디어 비평 등 비판과 연관된 말은 우리 주변에서 흔하게 보입니다. 그러나 비판을, 마치 잘못을 지적하는 행위처럼 여기다 보니 이를 부정적인 것으로 오해하는 경우가 많습니다. 그러나 비판은 좋은 삶을 위해 반드시 익혀야 할 필수적인 사고방식이자 태도입니다.

가짜 뉴스와 같은, 타인이 제공하는 정보를 일방적으로 받아들인다면 어떻게 될까요? 우리는 누군가의 음흉한 의도대로 행동하게 될 것입니다. 과장 광고를 그대로 믿고 물건을 덜컥 샀다가는 후회하는 일도 생기겠죠. 비판을 한다면서 '너는 이것도 틀렸고, 저것도 틀렸고…' 지적하는 것도 마찬가지입니다. 이런 태도는 나만 옳고 잘났다는 독선으로 이어질 수 있습니다. 또한 과거에 했던 자신의 선택을 비판적으로 돌아보지 않는다면, 결국 다시 선택할 기회가 온다 해도 같은 잘못을 반복할 것입니다. 그런 점에서 매사 비판적으로 바라보고 성찰하는 태도는, 사회생활의 기본이자 자신을 발전시키는 중요한 도구입니다.

이러한 <u>비판적 사고를 생활화하는 쉬운 방법은, 무언가에 대해 '과연 그럴까?' 하고 생각해보는 것입니다.</u>

(현상) 뉴스에서 투자 적기라 이니리고 힌디.
(현상) 광고에서 혁신적인 냉장고라고 선전한다.
(현상) 괜찮은 결혼 상대가 없다.
→ (비판적 사고) 과연 그럴까?

경기가 나빠질 것이라는 뉴스를 볼 때, 능력 있는 투자자라면 그 기사의 근거를 다시금 따져 볼 것입니다. 그리고 자신이 찾아낸 근거로 투자할지 말지를 판단하겠죠. 책임은 결국 개인이 지는 것이니까요.

광고에서 제품이 혁신적이라고 한다면 구체적으로 어떤 점이 혁신적인지, 그런 기능이 과연 내게 필요한지를 따져 봐야 합니다. 마찬가지로 괜찮은 결혼 상대가 없다는 생각이 든다면, 먼저 내게 부족한 것은 무엇인지 객관적으로 분석하고 평가할 수 있어야 합니다. 그래야 적절한 해결책을 찾을 수 있겠죠.

이처럼 비판적 사고는 올바른 투자, 합리적인 소비, 최선의 해결책을 찾는 데 꼭 필요한 기술이라 할 수 있습니다. 그런데 비판을 할 때는 몇 가지 중요한 유의 사항이 있습니다.

비판은 긍정으로 시작해야 한다

회사에서 다음과 같은 상황을 종종 마주할 때가 있습니다.

> 부장: 업무 능력 향상과 직원 복지 차원에서 직무 관련 교육비를 지원하려고 합니다. 교육 수료증과 학원 영수증을 받아서 처리해주면 될 것 같은데….
> 과장: (한숨) 그건 좀 아닌 것 같아요.
> 부장: 왜 그렇죠?
> 과장: 교육 수료증 발급이 안 되는 곳도 많고, 영수증으로는 누가 수강했는지 알기 어렵죠.
> 부장: 부정 사용이 없도록 사내 공지를 꼼꼼히 하고, 영

수증 처리할 때 담당자가 다시 확인하면 어떨까요?

과장: 그 많은 걸 어떻게 일일이 들여다보고 있습니까?

부장: 그럼, 대안은 뭐죠?

과장: 부정 사용 여지가 많고 인력도 부족한 마당에 그냥 하지 말자는 거죠.

부장: 위에서 하라고 하는 건데 무조건 안 된다고만 하면 어떻게 합니까?

결국 갈등이 발생하고 말았네요. 여기서 문제점은 무엇일까요? 앞서 배운 비판의 절차를 돌이켜 보겠습니다.

1. **[검사]** 기존 주장을 정확히 이해하기
2. **[진단]** 받아들일 점과 문제점을 구분하여 비판하기
3. **[치료]** 문제 해결을 위한 대안 제시하기

주장을 정확히 이해한다는 것은, 역지사지로 문제를 바라보는 것까지 포함됩니다. '왜 저런 주장을 할까?' 고려해보아야 한다는 것이죠. 상대의 상황을 알게 되면, 공감하는 말로 시작할 수도 있고 현실적으로 더 나은 해결책을 제

시할 수 있게 됩니다. 애초에 주장하는 이가 상세히 설명해 주면 좋겠지만 그 부분을 빠트렸다면 질문을 통해서 상대의 의도를 파악해야 합니다.

    과장: 복지 차원이라니 좋아 보이네요. 그런데 갑작스럽게 검토하는 이유가 있을까요?
    부장: 교육비 지원은 자기 계발은 물론이고, 젊은 직원의 이직률을 낮추거나 채용할 때도 쓸모가 있으니까요. 그래서 오늘 임원 회의에서 시행을 결정했다고 합니다. 위에서 다음 주까지 기본 안을 만들어 달라고 하네요.
    과장: 이미 결정이 된 상황이군요. 그렇다면 이제 어떻게 시행하면 좋을지 논의해서 다음 주까지 초안을 만들면 되겠네요.
    부장: 맞아요.

대부분의 사람들은 누군가의 주장이나 제안을 들을 때, 안 되는 이유를 먼저 떠올리곤 합니다. 하지만 언제나 옳은 주장은 없듯이 완전히 틀린 주장도 없습니다. 좋은 점은 살리고 나쁜 점은 고치는 게 비판의 정신입니다. 그렇다면 시작의 말은 언제나 상대를 인정하는 긍정적인 말이어야 합니다. 과장이 처음부터 "안 됩니다"라고 반대하는 대신, 위와 같이 이미 결정된 사안인지를 차분히 알아보고 상대의 입장에서 출발하여 논의했다면 더 부드럽게 대화가 진행될 수 있었을 것입니다.

> 과장: 말씀대로 교육 증빙은 필요한데, 그 방법으로 영수증을 개별 확인하기 시작하면, 상시 업무가 돼서 부담이 늘 것 같습니다. 연초라 바쁜 상태이기도 하고요.
>
> 부장: 그러네요. 한번 시작하면 그 시스템으로 계속 갈 테니… 결국 증빙 방법을 효율화할 수 있는지가 관건이겠네요.

과장은 상대의 주장에서 증빙이 필요하다는 생각에는 동의합니다. 하지만 담당자가 영수증을 개별 확인하는 방식은 논리적인 근거를 들어서 반대 의사를 표합니다. 부장 역시 상시 업무가 크게 느는 문제점에 수긍하면서 '증빙 방법

효율화'라는 해결책에 집중할 수 있게 됐습니다. 이제 함께 아이디어를 찾으면 됩니다.

> 과장: 저희 회사 직무와 연관된 온라인 교육 플랫폼과 계약해서 그곳에서 제공하는 교육을 이수하도록 하면 어떨까요? 개별 영수증을 검토할 필요 없이 등록, 수강 내역, 진도 등 데이터를 모두 제공받을 수 있으니까요.
>
> 부장: 좋은 생각이네요. 그런데 플랫폼에 없는 강의를 듣고 싶은 직원은 어떻게 하죠?
>
> 과장: 예외적인 경우는 많지 않을 테니, 해당 부서장의 1차 승인 후, 처리하는 방식이라면 업무 부담이 크지 않을 듯합니다.
>
> 부장: 좋습니다. 일단 그렇게 추진하고, 업무 부담이 늘면 다시 방안을 논의합시다.

이처럼 긍정적인 태도로 상대의 입장과 상황을 살핀 후, 핵심 문제에 집중해서 해결책을 찾는 것이 올바른 비판의 과정입니다.

올바른 비판을 위해서 세 가지를 기억하자

1. 첫 말은 인정과 긍정으로 시작하자.
2. 비판을 내 권위를 높이는 도구로 사용하지 말자.
3. 비판은 사람이 아닌 주장을 향하도록 하자.

한번은 업무 관련 학회에 참석한 적이 있습니다. 학자들의 발표 후 자유 토론을 하는 시간이었습니다. 그런데 한 발표자의 연구에 대해 다른 참석자가 비판을 시작했습니다. 연구 방법이 잘못됐고 결론도 틀렸다고 단정 지으며 모든 것을 부정하더니 의기양양한 미소까지 지었습니다. 그런데 그 자리에 있던 청중은 대부분이 회사원이었던 터라 그간의 사회생활 경험으로 그의 심리를 이미 꿰뚫고 있었습니다. 그는 벌거벗은 임금님처럼, 잘못된 비판을 하고 있다는 것을 자신만 모르고 있었습니다. 그 자리에 모인 사람들 모두가 불쾌한 표정이었습니다. 기본적인 예의나 존중 없이 자신의 우월함을 자랑하는 자리로 학회를 이용한다는 느낌을 받았기 때문입니다.

우리는 비판할 때 자칫 상대방보다 낫다는 우월감을 느

끼기 쉽습니다. 반대로 비판을 받을 때는 굴욕감을 느끼기도 합니다. 하지만 이런 감정들은 비판 정신과 무관한 부작용입니다. 우리는 상대를 깎아내려 나의 우월감을 키우려는 의도가 아니라 더 나은 해결책을 찾기 위해 비판해야 합니다.

    이미 권위와 명성을 누리는 사람을 깎아내리거나 지적하면, 어쩐지 내가 그 사람보다 더 잘난 듯한 달콤한 착각을 하게 됩니다. 그런데 이런 식의 비판은 결과적으로 자신에게 되돌아온다는 것을 깨달아야 합니다. 사람들은 남을 깎아내려 권위를 취하려는 그 사람의 모습을 보면서 기회주의자나 자존감이 낮은 사람이라 생각할 것이기 때문입니다. 반면 제대로 된 비판을 하는 사람은 자신이 보인 존중과 인정만큼 보상을 받게 될 것입니다. 주장과 비판은 대화의 과정이며, 그 너머엔 결국 사람이 있기 때문입니다.

> "언제나 옳은 주장은 없듯이 완전히 틀린 주장도 없다."

변화는 충돌로
이루어진다

[헤라클레이토스]

발전의 원리가 담긴 변증법

"조금 전 비판은 마음에 담아두지 말게."
"선생님은 멘탈이 정말 강하신 것 같아요."

학회 발표나 토론 후에 종종 이런 말을 들을 때가 있습니다. 오랫동안 공들여 발표한 연구 논문이 날 선 비판을 받으면 상심하기 쉽지만, 저는 괜찮다고 대답합니다. 의례적으로 하는 대답 같지만 반전이 있습니다. 실제로도 괜찮다는 것입니다. 다른 분 말씀대로 멘탈이 남보다 강해서 그런가 하면 전혀 아닙니다. 외모와 달리 어렸을 때부터 마음이 여린 편이었습니다. 그런 제가 비판 앞에 무덤덤해진 건 회사를 다니기 시작한 후부터였습니다.

자동차의 성능이 떨어지면 카센터에 가서 정비를 합니다. 마찬가지로 경쟁력이 떨어진 방송 프로그램이 있으면 관련 부서에서 진단과 수리를 받습니다. 경쟁력이 저하된 이유는 다양하지만, 오랜 기간 방영된 프로그램의 경우엔 변화가 부족한 게 원인일 때가 많습니다. 매주 비슷한 설정, 출연자, 진행 방식 등이 반복되니 다음 이야기가 예측되고 지루해진 것이죠.

이럴 땐 커튼이나 인테리어를 바꾸어 집의 분위기를 환기하듯 프로그램도 새로운 변화를 꾀해야 합니다. 담당자들은 나앙한 데이디의 자료를 모아 문제점을 찾아 비판하고 경쟁력을 회복할 해결책을 제작진에게 제안합니다. 제일 고민이 많았을 제작진 입장에선 기분이 나쁠 법도 하지만, 좋은 아이디어를 주거나 그간 고민하던 문제가 논리적으로 납득되면 고마워합니다. 프로그램에 대한 비판은 경쟁력을 회복하고 새롭게 살아나는 과정이고, 무엇보다 담당자들이 도움을 주기 위해 노력하고 있음을 인정하기 때문입니다.

만약 담당자가 제작진이 상처받을까 싶어서 문제점에 대한 지적 없이 뭉개고 넘어가거나, 반대로 제작진이 합리적인 개선책을 외면한다면 어떻게 될까요? 언젠가는 시청자에게 완전하게 외면받아 해당 프로그램은 사라지고 말 것입니다. 제가 비판에 상처받지 않게 된 건, 바로 이러한 건강한 비판과 해결의 과정을 거쳐야만 발전이 이루어질 수 있음을 깨달았기 때문입니다.

하지만 이는 개인적 경험이나 배움에 불과한 것은 아닙니다. 오래전부터 논의하고 발전시켜온 철학적 원리였던 것이죠. 바로 헤라클레이토스의 변증법을 보면 알 수 있습니다.

변화는 싸움으로 만들어진다

헤라클레이토스는 탈레스, 아낙시만드로스, 아낙시메네스 이후에 등장한 철학자입니다. 현재 튀르키예에 속한 에게해 연안의 에페소스 지역에서 태어났다고 알려졌습니다. 자연철학에 관심이 많았기에 탈레스가 속했던 밀레토스 학파의 영향을 받은 것으로 여겨지기도 합니다. 그는 아르케를 '불'로 보았고, 세상의 원리를 '로고스'라는 말로 설명하려 하였으며, 무엇보다 변증법적 사고의 선구자로 유명합니다.

"만물은 흐른다."
"같은 강에 두 번 들어갈 수 없다."

"오르막과 내리막은 하나의 길이다."

그가 남긴 말은 언뜻 들으면 무슨 뜻인지 알기 어려워서, 당시에도 '수수께끼 같은 사람', '어둠의 철학자' 등으로 부르는 이가 있었다고 합니다.

하지만 만물은 흐르는 것이고, 같은 강물에 들어갈 수 없다는 말에서 그가 세상의 기본 원리를 '변화'로 생각했음을 짐작하게 합니다. 그는 한 걸음 더 나아가 변화가 발생하는 이유도 탐구합니다. 아낙시만드로스가 이항 대립적인 세계의 질서에 주목했듯이, 그 역시 서로 반대되는 것들이 마주 서서 세상을 만들고 있다고 주장합니다. 세상엔 언제나 대립하는 한 쌍이 있고, 이들이 서로를 밀어내고 대립하면서 변화가 만들어진다는 것이죠.

'만약 반대되는 것들이 없다면 어떻게 될까?'

온도 변화 없이 겨울만 계속되는 지역에선 여름이라는 단어가 있을 수 없습니다. 밤만 계속되는 지역이 있다면 어둠이 당연한 상태이므로 낮이란 개념도 필요가 없겠죠. 마찬가지로 악이 없으면 선도 없고, 고통이 없으면 평온함이 무엇인지 알기 어렵습니다. 매일 노는 사람이 휴가의 소중함을 알 수 없는 것처럼, 쉼의 소중함을 알려면 역설적으로 일을 해야 합니다. 아파 본 사람만이 건강을 깨닫는 이치죠. 그래서 그는 이런 말을 합니다.

"병은 건강을 좋은 것으로 만든다."

결국 상반되는 것들은 서로를 없애려는 듯 보이지만 실상은 서로에게 의존하고 있습니다. 추위가 있어야 더위도 있고, 겨울이 있어야 여름이란 계절의 이름도 붙일 수 있습니다. 그렇게, 태양이 지면 달이 뜨고, 낮과 밤이 교차하며 세상은 변화합니다. 이렇게 보면, 산길의 오르막과 내리막은 정반대처럼 보여도 '하나의 길'이라는 통찰에 이르게 됩니다. 요컨대 세상의 모든 변화는 대립물의 싸움을 통해 이루어집니다. 이때 싸움은 한쪽을 부숴 없애려는 마찰과 충돌이 아니라, 긴장과 대립 속에서 상호 간의 개념을 더 선명하게 만드는 과정에 가깝습니다. 세상은 그런 원리로 조화로운 균형을 유지합니다.

"모든 것은 싸움에서 생겨난다. 대립하는 것에서 가장 아름다운 조화가 나온다."

반대되는 것들의 치열한 싸움은 불꽃을 연상시킵니다. 그래서 그는 '세계를 영원히 살아있는 불'이라고 말합니다. 여기서 불은 탈레스의 물처럼 물리적인 최소 단위로서의 아르케를 생각했다기보다는, 세계가 작동하는 원리를 비유한 것에 가깝습니다.

불은 언제나 위를 향해 타오른다는 점에서 상승의 느낌을 줍니다. 대립물의 싸움은 결국 발전으로 이어진다는 후대의 변증법적 사고는 이러한 통찰에서 나왔습니다. 철학자 헤겔이 헤라클레이토스를 변증법의 사상가로 인정하며, 역사가 끊임없이 변증법적으로 발전하리라 낙관한 것도 이와 같은 맥락에서였습니다.

변증법의 과정은 상승을 향한다

반대되는 것이 서로를 있게끔 만들었다는 상호 의존의 철학, 변화는 싸움으로 만들어진다는 세계 조화의 원리는 좋은 아이디어입니다. 그런데 이런 싸움이 조화를 넘어 세상을 더 발전시킬 것이라는 낙관적인 관점을 갖는 건 괜찮을까요? 상승의 변증법을 긍정했던 철학자 헤겔의 생각과는 달리 인류는 두 차례의 세계 대전을 겪었고 분쟁은 여전히 계속되고 있습니다.

'허구헌날 쌈박질이야. 지겹다 지겨워.'

일부 비판론자들은 변증법적 원리가 반드시 발전이나 상승을 보장하는 것은 아니라고 말합니다. 요즘도 전쟁과 혼란이 계속되는 걸 보면 그들의 말도 일리가 있습니다. 그러나 한 걸음 떨어져서 역사 전체를 조망해보면, 혼란과 퇴보처럼 보이는 순간이 있었음에도 사회는 조금씩 앞으로 나아가고 있습니다. 노예 제도 폐지 이후엔 평등에 대한 논의가 활발해졌고, 사회적 약자와 소수자에 대한 관심이 증대되는 식으로 인권 의식과 제도는 점진적으로 발전해왔습니다. 이러한 상승이 가능했던 이유는 <u>변증법이 싸움의 상태만을 긍정하는 게 아니고, 해결책이 도출되는 원리를 긍정하기 때문입니다.</u> 이렇듯 주장과 비판의 순환을 통해 최선

107

에 가까워지는 것이 바로 변증법의 핵심 원리입니다.

따라서 치열한 싸움을 통해 해결책을 만들었다면, 거기에서 끝나선 안 됩니다. 다시금 '과연 그럴까?'라고 물으면서, 지속적인 업그레이드 과정을 거쳐야 합니다. 비유하자면, 변증법의 과정은 직선으로 포장된 고속도로라기보다는 높은 산을 둘러싸고 조금씩 길이 만들어지는 나선형 등산로에 가깝습니다. 가는 길마다 쓰러진 고목이 막아서고 어렵게 넘으면 너 큰 바위가 능상합니다. 그때마다 장애물을 넘을 방법을 놓고 논쟁하느라 지치곤 합니다. 때론 깔았던 길을 부수고 다른 루트를 찾아야 할 때도 있습니다. 그렇지만 멀리서 보면 결국 우리는 산 정상에 아주 조금씩 가까워지고 있습니다.

치열한 변증법적 발전 과정은 회사 문화에도 시사하는 바가 있습니다. 시키는 대로 군말 없이 일하는 직원만 가득한 회사는 갈등이 없어 보여서 언뜻 평화로워 보입니다. 하지만 사실은 회사가 발전과 변화 없이 정체되어 있는 것일 수도 있습니다. 반대로, 불꽃 같은 찬반이 오가는 회사는 언뜻 혼란스러워 보이지만, 발전과 혁신의 흐름이 일어나고 있는 것으로 볼 수도 있습니다. 우리가 살아가는 사회 역시 마찬가지입니다. 한 쪽의 힘이 압도적으로 우세하면 갈등은 표출되기 어렵습니다. 또한 하나의 목소리만 남은 사회는 일방통행에 익숙해지면서 생기를 잃기 마련입니다. 하지만 찬반의 목소리가 울리는 사회는 한 단계 더 도약할 수 있는 가능성이 있습니다. 헤라클레이토스가 불꽃을 떠올렸듯이, 치열한 토론과 논쟁 속에서 발전을 향한 강력한 상승 기류가 만들어지기 때문입니다.

"변증법은 주장과 비판의 순환을 통해 최선에 가까워지는 방법이다."

갈등 속에서
더 나은 답을 찾는 기술

[헤라클레이토스]

해결책을 찾기 위한 변증법

다양한 문제 앞에서 우리는 종종 이런 생각을 합니다.

"모든 문제를 한 번에 해결할 최선의 방법은 뭘까?"

이럴 때 유용하게 쓸 수 있는 철학적 도구가 바로 변증법입니다. 철학에는 여러 형태의 변증법이 있어서 어렵고 낯설게 느껴질 수 있지만, 문제 해결을 위한 실용적인 방식으로 받아들이면 이해하기가 훨씬 쉬워집니다.

변증법은 간단히 말해서, 주장에 맞서는 비판과 반대 의견을 조화롭게 종합해서 더 나은 결론을 이끌어내는 사고 방식입니다. 철학에서는 이를 '정-반-합' 혹은 교육적 해설을 위해 '테제-안티테제-진테제' 같은 용어로 정리하여 설명하곤 합니다. 정(正)은 주장, 반(反)은 그에 대한 비판 또는 반대, 합(合)은 그 둘을 종합한 새로운 결론이란 의미죠.

예를 들어, 열흘간의 휴가를 받은 사람이 고민하는 상황을 떠올려 볼까요?

[정] 유럽 여행을 가고 싶다.
[반] 유럽은 비싸고 멀며 일정이 빠듯하다.
[합] 비용과 일정을 고려해 가까운 아시아를 여행하자.

이렇게 생각의 대립을 종합하여 해결책을 찾는 것이 바로 변증법적 사고입니다. 하지만 막상 비행기표를 끊으려다 새로운 생각이 떠오를 수도 있습니다.

[합/정] 아시아를 여행하자.
[반] 계획만 잘 세우면 유럽도 충분히 가능하지 않을까?
[합] 저가 경유 항공편을 이용해 유럽으로 가자. 대신 일정과 자금 계획을 세밀하게 짜자.

이처럼 변증법은 결론이 끝이 아니라 또 다른 시작이 되는 순환 구조를 거칩니다. 하나의 결론(합)이 다시 새로운 주장(正)이 되고, 또다시 반대와 종합의 과정을 거치면서 사고가 확장됩니다. 이와 같이 '생각을 반복하면서 더 나은 해결책을 만드는 구조'가 변증법의 가장 큰 특징이자 강점입니다.

일상에서 활용할 수 있는 변증법적 사고는 두 가지 방식으로 나눌 수 있습니다. 먼저, '합의 변증법'은 서로 다른 주장과 반대를 '더하기' 방식으로 조화시켜 결론을 내립니다. '화학적 변증법'은 충돌하는 서로의 주장을 재구성하고 '융합'하여 새로운 해결책을 만드는 방식입니다. 이것은 학문적 분류라기보다는 현실에서 실용적으로 사용하기 위해 이 책에서 제안하는 구분입니다. 먼저 합의 변증법부터 살펴보겠습니다.

합의 변증법: 단순한 더하기(+)를 통해 해결책을 만들 수 있다

합의 변증법은 주장과 반대 의견을 합(+)해서 결론을 제시하는 방법입니다. 아래 예시를 살펴보겠습니다.

부장: 경력직의 재이직이 많아지는 추세니까, 이번 신

입 경력직부터라도 온보딩 연수 기간을 늘려서 회사 적응을 도웁시다.

과장: 그렇게 되면, 기존에 입사한 경력직은 오히려 소외감이 더 커질 듯합니다. 기존 경력직을 위한 적응 프로그램이 먼저입니다.

부장: 그렇다면 온보딩 연수 기간을 연장하는 동시에 기존 경력 직원을 위한 조직 문화 워크숍을 진행하도록 합시다.

이들 대화의 구조를 요약하면 다음과 같습니다.

[주장] 신입 경력직의 연수 기간 연장
[반대/비판] 소외된 기존 경력직을 위한 프로그램 필요
[해결책] 신입 경력직 연수 기간 연장+기존 경력직 워크숍 시행

위의 예시는 주장과 반대 의견을 단순히 합(+)하는 식으로 문제를 해결했습니다. 우리는 주장과 반대는 상반된 모순을 품고 있어서 합하는 방식으로는 해결되기 어렵다고

배웁니다. 하지만 현실에서는 두 주장을 단순히 합하는 방식만으로도 문제가 풀리는 경우가 많습니다. 이때 순서, 범위, 역할 등 합이 가능한 요소들을 고려한다면 더 나은 해결책을 찾는 데 도움이 됩니다.

[주장] 신제품의 혁신적인 기능을 강조한 광고를 하자.
→ [반대] 기능 강조보다는 Z세대 감성을 자극하는 재미있는 광고를 하자.

- 순서의 합: 1차 홍보는 기능 중심으로, 2차 홍보는 재미있는 광고를 하자.
- 공간의 합: TV에서는 기능 중심의 광고, SNS에서는 재미있는 광고를 하자.
- 역할의 합: 기능 중심의 광고 내용에, 표현과 연출은 재미 코드를 넣자.

'순서의 합'은 두 의견을 합하되 순서를 두는 방식이고, '공간의 합'은 TV와 SNS 같은 공간적 개념으로 의견을 합치는 방식입니다. '역할의 합'은 주장과 반대를 각각에 맞는 기능적 역할에 할당해서 모두 소화하는 방식이라 할 수 있습니다.

합의 변증법을 사용하면, 서로의 의견을 크게 훼손하지 않으면서 양쪽의 장점을 모두 수용할 수 있습니다. 또한 합하면 되기 때문에 해결책을 쉽게 만들 수 있습니다.

화학적 변증법: 제약을 뛰어넘어 새로운 길을 만드는 방식

합의 변증법이 잘 통하지 않을 때가 있습니다. 시간, 예산, 인력 등 제약이 뚜렷할 때는 단순한 더하기로는 문제를 해결하기 어렵습니다. 이럴 땐 서로 충돌하는 주장을 섞고, 융합하여 새로운 해결책을 만들어야 하죠. 이것이 화학적 변증법입니다.

예를 들면 다음과 같은 상황이 이어질 때 유용합니다.

과장: 기존 경력직 대상의 워크숍은 각자가 근무하는 부서에서 업무 시간을 빼줄 수 없다고 합니다. 게다가 예산팀에서는 워크숍을 위한 추가 예산 편성은 불가능하다고 하네요.

기존 경력직을 위한 조직 문화 워크숍은 시간과 예산이라는 조건으로 인해 시행이 어렵게 됐습니다. 이럴 때는 다음과 같이 새로운 해결책을 만들어야 합니다.

[주장] 기존 경력직을 위한 워크숍 시행
→ [반대] 시간과 예산 제약으로 어렵다.

- 환경의 융합: 신입 경력직 연수에 기존 경력직을 사내 강사로 참여시키자.
- 관계의 융합: 경험을 나누고 지도하는 신입들의 멘토로 지정하자.
- 기술의 융합: 온보딩 교육 플랫폼과 계약해 연수 과정을 제공하자.

'환경의 융합'은 시간과 예산이라는 환경적 제약에 대해, 기존 경력직을 신입 연수에 사내 강사로 참여시키는 방안입니다. 이 방식은 시간과 예산의 제약에서 상대적으로 자유로우면서도 기존의 연수 환경에 경력직들이 사내 강사로 참여함으로써 연수 과정을 함께할 수 있다는 장점이 있습니다. 또한 자기 효능감과 책임감을 높이는 기회가 될 수도 있죠.

'관계의 융합'은 소외감을 느끼는 기존 경력직에게 멘토로서 신입 직원과 관계를 맺을 수 있도록 하는 방안입니다. 이렇게 되면, 신입은 선배의 조언으로 빠르게 회사에 안착할 수 있고, 기존 경력직은 이직 선배로서 공감이 가는 조언을 나누며 두터운 사내 인간관계를 쌓을 수 있습니다. 소외감과 고립감 역시 덜해지겠죠.

마지막으로 '기술의 융합'은 AI와 온라인 플랫폼 등의 기술적 요소를 활용해 온보딩 과정을 보완, 개선하는 방법입니다. 다양한 IT 서비스를 활용한다면 예산과 시간의 제약을 효율적으로 극복할 수 있습니다. 부족했던 기존의 온보딩 과정을 보완할 수 있으며, 직원들에게는 회사가 꾸준히 관심을 가지고 적응 과정을 배려한다는 인식을 심어줄 수 있습니다.

화학적 변증법은 서로 다른 요소들이 상호 반응하면서 이전과는 전혀 다른 새로운 아이디어를 만들어내기에 창의적인 문제 해결 방식으로도 매우 효과적입니다.

변증법은 갈등을 피하는 기술이 아닙니다. 갈등을 두

려워하지 않고, 그 안에서 더 나은 답을 만드는 방법입니다. 갈등을 피하려다 보면 자칫 모두에게 불만족스러운 결론이 나올 수 있습니다. 반대로 갈등을 마주하고, 그 안에서 서로 다른 입장을 조정하고 융합해 나가면 생각지도 못한 새로운 길이 열립니다.

합의 변증법과 화학적 변증법의 원리를 이용한다면, 일상에서의 문제 해결은 물론 회사에서 더 나은 해결책을 찾는 데 도움이 될 것입니다.

"좋은 결론은 충돌에서 나온다."

2부

말과 글의 목표는 설득이다

상식적인 주장을 뒤집는
말하기

논리는
개발된다

[파르메니데스]
일상의 논리는 교과서와는 다르다

어린 시절, 학교에서 다양한 논리적 오류를 배우고 한동안 유용하게 써먹은 적이 있습니다. 친구와 슈퍼맨과 배트맨 중 누가 더 셀까 말싸움을 하다가, '우리 담임 선생님이 슈퍼맨이 이긴다고 하셨어!'라고 하면 상대는 풀이 죽어 결국 최강자는 슈퍼맨으로 판정되곤 했죠. 하지만 이것은 부적절한 권위에 의존하기에 '그릇된 권위에 호소하는 오류'라는 걸 알게 됐습니다. '그렇구나. 담임 선생님은 슈퍼히어로 전문가는 아니니까 엉뚱한 권위를 빌려 판단을 한 것이구나…' 하고 깨닫기도 잠시, 논리적 오류는 말싸움에서 이기는 최고의 방법이 되어 버렸습니다. 친구의 의견에 반대할 때면 간단히 논리적 오류 몇 개를 꺼내 쓰면 됐기 때문입니다.

"야, 그건 논리적으로 말이 안 되지. 네 말은 성급한 일반화의 오류야!"

그런데 크고 나서는 농담할 때 빼곤 이런 오류 공식을 거의 써본 기억이 없습니다. 왜일까요? 논리적 오류라고 배운 것들이 현실에선 당연한 듯 사용되고 있었고, 실제로는 오류가 아니라 합당한 근거로까지 받아들여지고 있었기 때문입니다. 예를 들어, 동료와 아침 운동에 대해 얘기하던 중 이런 말을 했다고 해보죠.

"한국대학교 경영학과 홍길동 박사 말로는 아침 운동은 효과적이지 않다고 하더라고."
"그래? 어쩐지 아침에 운동하면 하루 종일 피곤하더라니…."

홍길동 박사는 경영학 전공일 뿐 운동 전문가가 아닙니다. 그러니 당연히 그릇된 권위에 호소하는 오류입니다. 그런데 왜 상대는 이 말에 일정 부분 신뢰를 보냈을까요? 전혀 다른 전공이라 하더라도 모든 학문은 과학적인 방법론을 중시하고 논리적 체계를 갖춘 논문으로 연구 결과를 발표합니다. 그런 점에서 박사 학위를 가진 사람은 사실 판단에 있어 신뢰도 높은 근거를 수집하고 결론을 내리는 경향이 있으리라고 기대합니다. 즉 지나가는 사람의 말보다는 믿을 만하다는 논리적인 근거가 되는 것이죠. 게다가 홍길동 박사가 평소 운동을 좋아해서 관련 분야의 전문가적 식견까지 갖추고 있다면 그의 말을 신뢰하는 게 당연해보입니다.

그렇다면 반대로 운동 생리학을 전공한 홍길순 교수가 같은 말을 한 경우엔 완벽할까요? 고대 그리스 철학의 변증법적 발전 과정에서 보았다시피 학계에도 다양한 주장이 상존합니다. 전문가, 권위자의 말이지만 학계에선 인정을 못 받는 소수 의견일 수도 있고, 주류라고는 해도 우리가 찾은 진리란 대부분 잠정적인 것이어서 새로운 연구 결과가 나오면 언제든 뒤집힐 수 있다는 한계가 있습니다. 즉 전문가의 말이라고 하더라도 무조건 믿을 만한 건 아니라는 것이죠.

이렇게 보면 분명한 논리적 오류조차 한 단계만 파고들면 믿을 만한 구석이 있어 보이고, 반대로 그 어떤 권위도 무조건 인정할 만하진 않다는 결론에 이릅니다. 따라서 사람들은 교과서, 교수, 전문가처럼 믿을 만한 권위의 경계를 느슨하게 합의해 놓고 세상을 살게 됩니다. 그러니 '이건 교과서에 나온 논리적 오류야!'라고 따져 봤자 세상 원리를 모르는 사람으로 여겨질 수도 있는 것이죠.

그래서 논리적인 사람이 되고 싶은 어떤 사람은 논리학 교과서로 시선을 돌리게 됩니다. 그런데 책을 펼치는 순간 명제, 논증, 집합, 건전성 등 생소한 개념어들과 처음 보는 수학기호들이 쏟아집니다. 놀라서 책을 덮으면 그나마 다행이지만, 끝까지 의욕을 불태우며 책을 완독하게 되면, '이런! 내가 원하던 게 아니잖아!' 하며 당혹감이 들 수도 있습니다.

논리학을 깊이 파고들면 형식과 기호 중심의 세계로 들어갑니다. 이는 컴퓨터 연산 체계를 배우는 것처럼 느껴질 수 있습니다. 이러한 혼란은 우리가 배우고자 하는 생활 논리와 학계에서 다루는 논리학의 개념 차이에서 비롯됩니다.

논리학logic은 말, 이성, 원리를 뜻하는 '로고스logos'에서 유래된 말로, 언어의 법칙을 체계화하여 정확한 의미에 닿는 것을 추구합니다. 전통적인 논리학은 논증이 얼마나 타당한가를 평가하거나 추론 구조 분석을 중심으로 발전해 왔습니다. 그러나 소크라테스가 깨달았듯, 진리를 찾는 것은 매우 어렵고, 참과 거짓을 구분하는 기준 역시 경계가 모호한 경우가 많습니다. 이 때문에 논리학자들은 대화 중 사용하는 현란한 화법과 모호한 표현 등을 단순화하려는 시도를 하게 됩니다. 그 결과로 '형식 논리학'과 '수리 논리학' 같은 분과가 발전했습니다. 이러한 학문은 철학적 분석 도구로서 중요한 역할을 해왔으며, 0과 1로만 이루어진 컴퓨터의 논리 체계 발전에도 큰 공헌을 했습니다. 하지만 일상에서 논리적 사고를 키우는 방법으로는 그 효용성이 떨어질 수 있습니다.

논리적인 사람이 되고자 한다면, 일상적 세계에서 통용되는 논리 개념으로 접근하는 것이 좋습니다. 보통은 삼단논법으로 유명한 아리스토텔레스를 논리학의 출발점으로 여기지만, 논리적 사유의 싹을 틔운 것은 파르메니데스였습니다. 시대의 흐름에 따라 이번에는 파르메니데스의 통찰을 살펴보려 합니다.

논리의 끝에서 아이디어가 나온다

파르메니데스는 고대 그리스 엘레아학파의 철학자로, 현재의 이탈리아 남부 지역에서 활동한 인물입니다. 그는 헤라클레이토스와 비슷한 시기에 살았지만, 전혀 다른 주장을 펼쳤습니다. 헤라클레이토스가 "모든 것은 흐른다"고 말한 반면, 파르메니데스는 "모든 것은 변하지 않는다"고 보았습니다. 그의 철학은 세 문장으로 요약할 수 있습니다.

> '있는 것은 생성도 소멸도 되지 않고, 영원하고 완결된 상태로 있다.'
> '없는 것은 말할 수도 생각도 할 수 없다.'
> '전적으로 있거나 없거나 해야 한다.'

처음엔 대체 무슨 말인지 헷갈릴 수 있습니다. 하지만 차근히 따져 보면 오히려 논리적인 재미를 느끼게 됩니다. 예를 들어 정말 아무것도 없는 상태, 완벽한 '무(無)'를 상상해봅시다. 그런 상태에서 무언가가 갑자기 생겨날 수 있을까요? 논리적으로 보면 무에서 유가 생성되는 것은 불가능합니다. 마찬가지로 지금 있는 것이 완전히 사라지는 것도 성립하지 않습니다. 예컨대 양초가 다 타서 없어진 것처럼 보인다고 해도, 그것은 빛과 열, 연기로 형태가 바뀐 것이지 완전히 '무'로 돌아간 것은 아닙니다. 결국 '있는 것'은 어디선가 갑자기 생겨날 수도 없고, 완전히 사라지는 것도 불가능하다는 말은 논리적으로 옳습니다.

파르메니데스는 여기서 더 나아가 '없는 것은 생각조차 할 수 없다'고 말합니다. 우리는 흔히 '무'라는 말을 쓰면서 마치 그것이 어떤 대상인 것처럼 다루곤 합니다. 하지만 사실 '무'는 그 자체로 없는 것이기에 생각의 대상이 되는 존재가 될 수 없습니다. '무'라는 단어를 만들어 마치 대상이 존재하는 것처럼 취급했기 때문에 착각에 빠진 것이죠.

이 논리를 밀어붙이면 어디에 이르게 될까요? 바로, 우리가 매일 경험하는 '운동'이나 '변화'도 실제로는 존재하지 않는다는 생각에 도달합니다. 어떤 물체가 이동하려면 그 사이에 비어 있는 공간이 필요합니다. 하지만 이 세계가 '있는 것'이라면, 변화하거나 이동할 빈틈은 존재할 수 없게 됩니다. 그런 관점에서 생각해보면, 현실에서 보는 운동이나 변화는 모두 감각이 만들어낸 착각인 셈이죠.

이쯤에서 고개를 갸웃하게 될 수도 있습니다. 실제로 우리는 연필을 이쪽에서 저쪽으로 옮길 수 있는데, 어떻게 그게 착각이냐는 의문이 생길 것입니다. 그렇다면 이해를 돕기 위해 파르메니데스의 논리에 상상력을 덧붙여 설명해보겠습니다.

우리가 사는 세상이 사실은 '게임'이나 '애니메이션'과 같은 구조라고 상상해보세요. 게임 속 캐릭터는 이리저리 움직이는 것처럼 보이지만, 실제로는 수많은 픽셀이 꺼졌다 켜질 뿐입니다. 점멸하는 픽셀로 가득 찬 곳에서 실제로 이동하는 존재는 어디에도 없죠. 애니메이션도 마찬가지입니다. 나비가 날고 계절이 바뀌는 것처럼 보이지만 여러 장의 그림을 겹쳐놓은 셀 애니메이션처럼, 정지된 그림이 교체되면서 운동이라는 착시를 일으킨 것일 뿐입니다.

이런 상상을 하다 보면, 그의 발상에 새삼 놀라게 됩니다. 왜냐하면 감각으로 파악한 세계는 운동도 있고 변화도 있는 것처럼 보이기 마련이니까요. 당시 대부분의 철학자들도 운동과 변화의 원리를 논리적으로 설명하는 데 애썼을 뿐, 변화 자체가 착각이라는 결론에는 이르지 못했습니다. 하지만 파르메니데스는 논리를 사용하면서도 '세계는 불변'

이라는 정반대의 결과를 만들어냈습니다. 논리적 사고로 도달할 수 있는 곳이 하나의 정해진 목적지가 아닐 수 있음을 보여준 것이죠. 논리가 단순히 감각이 파악한 현상을 설명하는 도구가 아니라, 세계의 진면목을 전혀 다르게 파악할 수 있는 힘을 지니고 있음을 보여준 것입니다.

이후 파르메니데스의 논리는 '아킬레스와 거북이 경주'로 유명한 제자 제논에게 이어졌고, 존재론, 논리학, 언어철학은 물론 수학에 이르기까지 광범위한 분야에 영향을 끼쳤습니다. 따라서 파르메니데스가 논리를 사용하여 새로운 아이디어를 만든 방식은, 논리를 배우려는 사람이라면 반드시 짚고 넘어가야 할 지점입니다.

논리는 개발될 수 있다

논리적 사유의 선구자로 알려진 파르메니데스를 통해 우리는 논리에 대해 중요한 두 가지 사실을 배울 수 있습니다.

첫째, 논리는 개발된다는 것입니다.

논리는 이성을 활용한 치밀하고 엄밀한 구조를 말하는 것인데, '개발된다'고 하니 다소 어색하게 들릴 수도 있습니다. 하지만 파르메니데스처럼 기존 상식에 얽매이지 않고 논리를 극한까지 밀어붙이면, 오히려 전에 없던 새로운 아이디어를 만들 수 있습니다. 여기서 중요한 것은 '당연한 것'으로 여겨졌던 전제들을 의심할 수 있는 용기입니다.

예를 들어 우리는 연필이 이동하고 양초가 사라지는 것을 매일 경험합니다. 그래서 이동이나 소멸은 당연하다고 생각하게 됩니다. 이런 상식적인 전제가 사고의 틀을 제한합니다. 하지만 논리를 구성할 때는 상식에 얽매이지 않아야 하고, 이치에 맞는다면 상식 밖의 결과도 인정할 수 있어야 합니다.

상식적인 전제에 도전하는 이러한 사고는, 당연한 통념에 반대한 소크라테스를 떠올리게 합니다. 소크라테스의 생각법이 파르메니데스가 보여준 논리적 태도와 깊이 연결된 듯 보이는 것이죠. 실제로도 플라톤이 쓴 《파르메니데스》에는 젊은 소크라테스가 파르메니데스와 대화하는 장면이 등장합니다. 두 사람이 실제로 만났는지에 대한 확실한 증거는 없지만, 플라톤이 이런 구도를 설정한 것은 파르메니데스의 논리적 사유가 소크라테스와 같은 후대 철학자에게 영향을 미쳤다는 점을 묘사하기 위한 목적도 있었던 것으로 보입니다.

파르메니데스의 사유는 틀에 박힌 '당연한 사고'의 경계를 넘는 힘을 보여줍니다. 논리는 일상의 상식을 반복하거나 강화하는 것이 아니라, 그 너머의 세계를 꿈꾸는 상상력일 수 있다는 것이죠. 논리가 개발된다는 말 역시, 논리를 형식적인 틀이 아니라 상상력의 해방자로 대할 때 참된 의미가 살아날 수 있습니다.

<u>둘째, 논리학 체계가 아닌 현실에서 논리의 목표는 '설득'입니다.</u>

현실에서 논리를 배우는 이유는 내가 하는 말과 글로 사람을 설득하기 위해서입니다. 그런데 '변화는 없다'라거나 '운동은 환상일 뿐이다'라는 주장은 파격적입니다. 사람들의 상식과 강하게 충돌하고, 거부감도 생기기 마련입니다. 이럴 때 논리는 단순히 옳고 그름을 판단하는 도구가 아니라, 상대의 저항을 줄이고 함께 생각하도록 이끄는 설득의 수단이 되어야 합니다. 적어도 "그럴 수도 있겠네"라는 지점까지 이끌어가는 것이 현실에서 논리의 역할이라고 할 수 있습니다. 요컨대 현실의 논리는 주장과 근거가 '빈틈없이 짜맞춰진 틀'과 같은 협소한 개념이 아니라, 설득을 가능

케 하는 모든 요소를 총합한 넓은 의미로·이해할 수 있어야 합니다. 예를 들어 '권위에 호소하는 오류'는 명백한 오류로 분류되지만, 실생활에선 적절히 사용될 수 있음을 인정할 필요가 있습니다.

이쯤에서 고대 그리스의 두 학문, 논리학과 수사학의 관계를 짚어볼 필요가 있습니다. 논리학은 엄밀한 논증의 도구였던 반면, 수사학은 설득하기 위한 기술로 발전했습니다. 하지만 현실 상황에서는 두 가지가 서로 맞물려 작동했습니다. 아리스토텔레스는 이러한 점을 명확히 이해하고 있었습니다. 그는 《수사학》에서 설득에 필요한 세 가지 요소로 로고스, 에토스, 파토스를 제시합니다. 논리만으로는 사람을 설득할 수 없으며, 말하는 사람에게서 전해져오는 신뢰감과 정서적 공감이 어우러져야 설득이 가능하다는 통찰이죠.

흥미롭게도 파르메니데스는 이 세 요소를 효과적으로 사용한 것처럼 보입니다. 그는 자신의 철학을 서사시로 표현했습니다. '있는 것은 영원하고 완결된 상태'라는 로고스(논리적 근거)를 드러내는 동시에, 진리를 전달하는 여신의 권위를 빌려 에토스(신뢰)를 확보했고, 신화적 서사시가 갖는 특유의 언어적 운율과 이야기로 파토스(감정)를 자극했습니다.

이것은 현실의 논리가 형식적 체계에 머무르지 않고, 설득이라는 목적 아래 수사학적 요소들과 유기적으로 작용해야 함을 보여줍니다.

"논리는 상상력의 해방자다."

기존과는 다른 관점으로
가치를 만들어라

[파르메니데스]
상식적인 논리를 의심하는 사고방식

앞서 말한 대로, '논리는 개발된다'고 하면 억지스럽다는 선입견이 듭니다. 하지만 실제로는 우리가 미래를 걱정하며 나름의 시나리오를 상상하는 일상 속에서도 이미 논리 개발의 사고가 작동하고 있습니다. 예를 들어 행사를 앞둔 담당 과장은 이런 걱정을 합니다.

과장: 내일 사내 실적 발표 행사에 평소보다 참여자가 적으면 어떻게 하죠?
부장: 몇 년째 평균 200명 정도는 왔잖아요. 괜한 걱정 같은데?
과장: 모레부터 연휴여서 내일은 휴가 낸 사람도 있을 것 같고, 비까지 와서 사람들이 모인 곳은 꿉꿉하다고 안 올지도 몰라요. 아무래도 행사 공지

메일을 한 번 더 보내야겠어요.

　매번 평균 200명 정도가 왔다면 당연히 그 정도 참석률을 기대해도 되겠지만, 과장은 연휴와 날씨라는 요인을 근거로 참석률이 저조하리라는 논리를 개발했습니다. 그리고 행사 공지 메일을 보내는 식으로 해결책을 도모할 수 있었죠. 이처럼 우리는 이런저런 논리를 잔뜩 만들어내며 매일 창의적으로 걱정하고 있습니다. 논리 개발은 이처럼 일상적인 것입니다.

　그렇다면 올바른 논리는 구체적으로 어떻게 개발하면 좋을까요? 논리라고 하면 보통 '이치에 맞는 말'이라고 생각합니다. 그래서 누군가의 주장이 '논리적이다'라고 하면, 종종 그것을 상식적인 주장이라는 뜻으로 받아들이곤 하죠.

논리 → 이치에 맞는 것 → 상식적인 주장

　하지만 이 연결은 오해의 소지가 있습니다. '이치에 맞는 것'이 곧 '상식적인 것'은 아니기 때문입니다. 예를 들어 고대에는 노예 제도가 상식처럼 여겨졌지만, 그것이 이치에 맞는 제도였다고 보긴 어렵습니다. 상식은 시대와 문화에 따라 달라집니다. 따라서 올바른 논리란 오히려 당연시하는 상식을 의심하고 그 너머의 근본적인 원리를 따지는 사고방식에서 탄생합니다. 이것이 바로 소크라테스의 문답법에서 시작되는 철학적 사고의 핵심이기도 하죠.

논리 → 상식적인 주장에 대한 비판 → 근본적인 이치

예를 들어서 설명해보겠습니다. SNS에서 유행하는 신조어에 대해 대부분은 부정적인 인식을 갖고 있습니다. 누군가가 신조어 사용을 줄이고 표준어를 사용하자고 주장했다면 다음과 같은 논리적 흐름을 예상할 수 있습니다.

[전제] 언어는 사회적 약속이다.
[논리적 근거]
 - 신조어는 의미가 불분명하고 이해가 어렵다.
 - 세대 간 소통 단절을 일으킨다.
 - 우리말의 정체성을 해칠 수 있다.

[결론/ 주장] 따라서 신조어 사용을 줄이고 표준어를 사용하자.

어느 정도 타당하고 설득력 있는 논리입니다. 하지만 이 주장이 어떤 전제에 기반했는지를 비판적으로 바라보면 생각의 지평이 확장될 수 있습니다.

위 주장의 핵심 전제는 '언어는 사회적 약속'이란 것입니다. 이 전제에 얽매이면 '사회적 약속은 따라야지'라는 생각이 들고, 결국 표준어 사용만 옳다는 결론으로 이어집니다.

하지만 만약 전제를 이렇게 바꾼다면 어떨까요?

[새로운 전제] **언어는 시대의 반영이다.**

[전제 전환을 통해 개발한 논리]

- 신조어는 새로운 세대의 정체성을 잘 드러내준다.
- 창의적이고 재미있는 표현을 활용하여 소통의 깊이와 폭이 넓어진다.
- 시대를 반영하는 언어로서 역사적 가치가 있다.
- 다양한 조합과 변용으로 우리말과 글의 우수성을 증명할 수 있다.

[새로운 주장] **따라서 신조어를 자유롭게 사용하자.**

전제 하나를 바꿨을 뿐인데, 기존과 전혀 다른 관점에서 긍정적인 가치를 도출할 수 있었습니다. 다시 말해 기존 전제를 의심하고 새롭게 설정할 때 더 창의적으로 아이디어를 만들 수 있습니다. 이러한 전제 전환은 글쓰기뿐 아니라, 사업 아이디어와 새로운 기획안을 개발할 때도 유용한 도구가 됩니다.

논리 개발 3단계: 전제 바꾸기

[1단계] 기존 전제 확인

[2단계] 전제 바꾸기

[3단계] 새로운 아이디어 도출

〈예시〉

카페: (기존 전제 확인) 커피를 마시는 공간 → 좋은 원두가 필요

(전제 바꾸기) 작업을 하는 공간

→ (새로운 아이디어) 칸막이 테이블이 설치된 스터디 카

페로 운영

PC방: (기존 전제) 컴퓨터를 활용하는 공간 → 최첨단 PC가 필요
(전제 바꾸기) 여가 생활을 위한 휴게 공간
→ (새로운 아이디어) 맛있는 음식과 커플석 필요

병원: (기존 전제) 치료를 받는 공간 → 빠르고 정확한 진료
(전제 바꾸기) 위로가 필요한 공간
→ (새로운 아이디어) 따뜻한 분위기의 인테리어, 명상 힐링 클래스 운영

전통적이고 상식적인 논리로 카페, PC방, 병원을 바라볼 때와 달리 전제를 바꾸자 전혀 다른 방향의 아이디어가 나오게 되었죠. 이처럼 새로운 아이디어가 떠오르지 않을 때에는 과감히 전제를 바꾸는 것만으로도 참신한 논리를 개발할 수 있습니다.

숫자는 논리적 설득에 유리하다

논리를 배우는 목적은 결국 상대를 설득하기 위한 것입니다. 설득력을 위한 논리적인 근거로는 전문가 인용이나 연구 결과가 자주 사용됩니다. 이럴 때, 숫자를 적절히 활용하면 설득력을 한층 높일 수 있습니다.

기사 A: 홍길동 박사팀 연구 - 책상에 꽃병 있으면 평소보다 집중력 향상!

기사 B: 책상에 꽃병 있으면 평소보다 집중력 20% 향상(홍길동 박사팀 연구)

기사 A보다, 20%라는 숫자가 들어간 기사 B가 더 눈길이 갑니다. 숫자는 설득을 위한 매우 강력한 도구입니다. 논술, 발표, 면접에서도 예상 주제와 관련된 숫자를 외워두면 시험에서 훨씬 유리합니다. 예를 들어 보험회사의 면접이라면, 연도별 매출, 평균 계약 유지 기간 등 해당 회사와 관련된 내용뿐 아니라, OECD 국가별 남녀 평균 수명 등 보험 산업 전반과 관련된 통계 수치를 외워서 답변할 수 있어야 한다는 것이죠.

회사의 신규 사업을 승인받거나 기존 사업이 지속되도록 설득하려면 구체적인 수치 기반 데이터의 확보 역시 매우 중요합니다. 따라서 사업 구조를 설계할 때부터 성과를 수치로 확인할 수 있는 지표와 시스템을 미리 구축해 두는 것이 필수적입니다.

"1차 연도 매출은 목표 대비 60% 수준에 그쳤으나, SNS 구독자는 매월 1,000명씩 증가 중입니다."

이처럼 매출이 다소 부진하더라도, 초기 기획 단계에서 SNS 채널을 별도로 운영하며 데이터를 확보해 두었다면, 경영진이나 주주에게 "지속적인 바이럴이 이루어지고 있어 향후 실적 개선 가능성이 높다"고 설득할 수 있습니다.

즉, 사업 제안서나 기획안을 작성할 때는 재무제표상의 수치뿐만 아니라, 잠재력을 보여줄 수 있는 지표도 함께 설계하는 것이 중요합니다.

논리는 공감과 유머가 함께할 때 강해진다

설득은 단순히 논리적으로 말하는 것만으로는 완성되지 않습니다. 설득은 상대의 마음을 여는 것에서 시작되며, 그 다음에야 비로소 논리가 힘을 발휘합니다. 회사에서 기획안을 발표하거나 학교 과제를 발표할 때, 우리는 흔히 논리적인 구성과 근거 제시에만 집중합니다. 하지만 그보다 먼저, 상대가 이야기를 받아들일 준비가 되어 있도록 만드는 것, 즉 마음을 여는 것이 설득의 첫 단계입니다. 이때 효과적인 도구가 바로 유머와 공감입니다. 하지만 현실에선 대부분 이렇게 상투적인 인사로 시작하곤 합니다.

"요즘 바쁘실 텐데, 얼마나 고생이 많으십니까."

이런 인사는 악수나 목례처럼 순식간에 지나가며, 감정적 울림 없이 의례적인 말로만 남습니다. 경우에 따라선 형식적인 말로 인식되어 오히려 성의 없어 보일 수도 있습니다. 반대로 구체적인 공감 → 칭찬 → 유머의 구조로 말문을 연다면, 진심이 전해지고 감정이 연결됩니다.

"저도 얼마 전까지 사업 부서에서 일한 적이 있어서, 이런 간단해보이는 행사도 얼마나 손이 많이 가는지 잘 알고 있습니다. (공감)

작년에 성공적으로 끝난 이벤트처럼, 이번 건도 타임라인까지 꼼꼼하게 작성해주셔서 내부 보고할 때도 큰 도움이 됐습니다. (칭찬)

덕분에 스트레스가 사라진 건지 흰머리도 줄고 다시 젊어지는 듯해요. (유머)"

공감과 칭찬은 단독으로 사용하는 것보다는 위와 같이 함께 사용하는 것이 좋습니다. 칭찬만 따로 떼서 할 경우, 자칫하면 높은 위치에서 상대의 노고를 내려다보면서 치하하는 느낌을 줄 수도 있기 때문입니다. 이런 경우에는 상대가 칭찬을 받더라도 반감이 들 수 있습니다.

반면 칭찬을 공감어린 말과 함께 사용하면 동등한 위치, 같은 편이 되어서 일하고 있다는 느낌을 줍니다. '이 사람은 결과뿐 아니라 과정의 어려움도 충분히 이해하고 있는 사람이구나' 하는 생각이 들면서 더 원활한 소통이 이루어지게 됩니다.

또한 진지한 자리일수록 오히려 잘 준비된 유머 한 줄이 분위기를 풀고 마음을 열어줍니다. 실제로 미국의 정치인들은 공식 석상에서도 연설 초반에 유머를 곁들여 분위기를 바꾸곤 하죠. 웃음은 감정을 공유하는 가장 직접적인 방식이기 때문에 같이 웃을 수 있다면 이미 공감대는 반쯤 형성된 셈입니다. 물론 유머는 즉흥적으로 던지는 게 아닙니다. 발표의 일부로 사전에 충분히 준비하고 연습된 유머여야 효과적입니다. 거울 앞에서 자연스럽게 나올 때까지 반복해보는 연습이 필요하고, 혹시 유머가 통하지 않더라도 당황하지 않고 말을 이어갈 수 있도록 백업 멘트도 준비하는 것이 좋습니다.

"논리의 목표는 설득에 있다."

어떤 말과 글이
기억에 남을까?

[플라톤]

스토리텔링으로 설득하는 법

어떤 온라인 쇼핑몰 회의실을 상상해보겠습니다. 회사가 성장하면서 고객들의 환불, 반품을 비롯한 다양한 문의가 폭증하는 추세여서 콜센터 상담원을 증원할지, 자동응답 시스템으로 전환할지에 대해 논의하는 중입니다. 그런데 검토할 자료도 많고 고용과 관련된 법적인 문제까지 아우르는 복잡한 보고가 이어지자 최종 결정권자가 시계를 보며 말합니다.

CEO : 사안이 복잡한데… 그래서 어쩌자는 건지 쉽게 이야기해줄 수 있습니까?"

담당자: 사람을 쓰느냐, 자동응답 시스템을 쓰느냐라

는 문제인데 둘을 종합하자는 겁니다. 한마디로 콜센터가 짜장이고, 자동응답 시스템이 짬뽕이라면, 짬짜면을 만들어보자는 것이죠.

CEO: 지금 효율성 제고를 위해 논의하고 있는데, 둘 다 운영하자면 어쩌자는 거죠?

담당자: 저, 그러니까 그게 아니라…

대화가 잘 안 풀린 이유는 뭘까요?
첫 번째 이유는 담당자의 해답이 단순히 '합'을 지향했다는 점에 있습니다. 앞선 변증법적 해결책 만들기에서 단순 합도 현실에서는 해결책이 될 수 있다고는 했지만, 변증법은 단순 절충보다는 모순의 극복을 통해 제3의 개념을 창출하는 것이 그 원래 의미에 가깝습니다. 특히 이 경우에는 고객의 이용 편의와 회사의 비용 문제가 대립하고 있습니다. 문제점에 대한 깊은 이해 없이 섣부르게 단순 병합을 주장하면, 고객의 불만과 회사의 비용 모두를 증가시킬 수 있으므로 실질적 해법이 되기 어렵습니다.

두 번째 문제는 이해를 돕기 위한 비유에 있습니다. 담당자의 원래 의도가 단순히 두 서비스를 합치는 것이 아니라고 가정해보겠습니다. 예를 들어 AI 응답 시스템으로 단순한 고객 요구는 처리하고, 사람의 개입이 필요한 복잡한 문의에 대해선 AI가 상담 내용을 요약해서 콜센터로 연결하여 효율성을 높이는 방식이죠. 그렇게 되면 기존 콜센터 증원이나 고객 불만 증가 걱정 없이도 문제가 상당 부분 해결될 듯합니다.

그런데 이것을 짬짜면에 비유하는 순간, 한 그릇에 칸이 나뉘어 따로 담긴 짬뽕과 짜장면이 연상됩니다. 결국 듣는 입장에선 '그냥 두 서비스를 다 하자는 건가?'라고 오해할 수밖에 없게 되는 것이죠. 즉 잘못된 비유로 스토리텔링을 한 셈입니다.

그렇다면 이 경우에 올바른 비유는 무엇일까요? 형태는 짜장면인데 짬뽕 맛도 살아있는 볶음짬뽕에 비유하는 편이 나았을지도 모릅니다. 익숙한 두 메뉴가 조화롭게 어우러져 하나의 새로운 요리로 인정받는 볶음짬뽕처럼, 이 시스템도 두 요소가 기능적으로 잘 융합된 방식이기 때문입니다. 따라서 이 경우엔 시스템 명칭도 새롭게 네이밍해서 발표하는 게 더 나았을 것입니다. 위와 같은 커뮤니케이션 실패는 다소 과장된 면이 있긴 하지만, 스토리텔링에 대한 이해 부족으로 인해 종종 벌어지는 상황입니다. 그런데 이런 의문이 뒤따를 수 있습니다.

"주장과 근거, 그에 따른 해결책을 결론으로 잘 쓰면 되지, 회의 자리에서나 보고서 쓸 때 이야기하듯 할 수는 없잖아요. 굳이 스토리텔링까지 배워야 하나요?"

답을 먼저 말씀드리면, '그렇다!'입니다. 스토리텔링을 '이야기하기'로 곧이곧대로 받아들여서 진지한 말과 글에서 사용하기 어렵다는 건 선입견입니다. 오히려 진지한 주장이나 논술을 쓸 때 적극적으로 사용해야 합니다. 어려운 말과 글일수록 상대가 쉽게 이해할 수 있어야 설득이 가능하기 때문입니다.

많은 학자들이 인간의 뇌가 정보를 처리하고 이해하는 방식이 이야기 구조와 닮았다고 말합니다. 심리학자인 하이더와 짐멜Fritz Heider and Marianne Simmel의 유명한 실험에서 보듯이, 사람들은 선, 삼각형, 원 등으로 이루어진 도형의 움직임을 보고도, 삼각형끼리 싸운다든지 큰 삼각형이 원을 괴롭히려 한다는 식으로 이야기를 구성하는 경향을 보입니다. 이는 우리의 뇌가 인과관계, 등장인물 같은 이야기적 요소를 자연스럽게 인식하는 방향으로 진화했음을 시사합니다. 조너선 갓셜Jonathan Gottschall은 《스토리텔링 애니멀》에서 이런 진화 방향의 이유가 정보의 보존성과 전달력 때문이라고 해석하기도 했습니다.

실제로 '부모님 말씀 잘 들어라'라는 말은 교훈적이지만 재미는 없어서 금세 잊힙니다. 하지만 부모님 말씀과 반대로 살다가 비 오는 날만 되면 울게 된 청개구리의 이야기는 재미가 있어서 기억에 오래 남습니다. 이러한 이야기를 통해 다음 세대의 아이들에게도 '부모님 말씀을 잘 들어야 한다'는 정보가 전해지게 되는 것이죠.

그런데 앞서 보았듯, 흔히 스토리텔링이라고 하면 정보라는 내용을 재미있는 이야기로 감싼, 초콜릿 코팅 정도의 기교로 이해할 때가 많습니다. 물론 스토리텔링이 이해를 돕기 위한 기술적이고 기교적인 측면도 분명 있지만, 그게 다는 아닙니다.

아리스토텔레스는 《시학》에서 이야기의 구조는 '문

제와 해결'이라고 말했습니다. 이것을 확장하면 '문제 - 과정 - 해결'이 됩니다. 흥미롭게도 우리가 지금까지 배운 '주장 - 근거 - 결론'의 논리적 구조는 이 이야기 구조와 닮아 있습니다.

그리고 이 이야기 구조에 생기를 불어넣는 것이 '비유'입니다. 비유는 복잡한 개념을 익숙한 사물이나 상황에 빗대어 이해와 설득을 돕는 장치입니다. 바로 이 두 가지, 문제 - 해결의 구조와 비유가 함께 작동할 때, 논리적 설득력은 폭발적인 힘을 발휘합니다.

여기에서는 이 두 가지 관점에서 스토리텔링을 설명하고자 합니다.

플라톤에게 배우는 스토리텔링 기법

플라톤은 소크라테스의 제자이자 아리스토텔레스의 스승입니다. 서양 철학은 플라톤에 대한 각주(설명)라고 할 만큼 지금까지도 큰 영향력을 발휘하는 위대한 철학자입니다. 그는 《국가》를 비롯한 수많은 대화편을 남겼고, 다양한 철학적 개념을 제기한 철학자로 유명합니다. 특히 스승인 소크라테스가 문답법으로 생각의 과정을 올바르게 하는 방법을 가르쳤다면, 제자인 플라톤에 이르러서는 그 생각법을 이용해 해답을 제시하려 했습니다. 소크라테스가 사고의 방법론을 제시했다면, 플라톤은 이를 바탕으로 세계의 근본 원리에 대한 자신만의 독창적인 이론을 만들기 위해 노력한 것입니다.

특히 주목할 점은 플라톤은 철학을 전개할 때, 이전에 존재했던 철학적 주장을 검토하여 문제를 설정하고 이를 해결해 나가는 방식을 견지한 것처럼 보인다는 점입니다. 그의 철학적 탐구는 다음과 같은 질문으로 요약할 수 있습니다.

'감각으로 지각되는 변화가 진짜인가, 아니면 이성으로 파악되는 불변성이 진짜인가?'

이 질문은 그 이전의 철학자들이 남긴 수많은 사유를 꿰뚫어 정리한 것입니다. 예컨대 헤라클레이토스는 '모든 것은 흐른다'며 변화의 원리를 말했습니다. 반면 파르메니데스는 '변화는 착각'이며, 오직 이성으로 파악되는 불변의 원리가 진짜라고 주장했죠. 플라톤은 이처럼 대립하는 입장들을 종합하여, 세상을 '현상계'와 '이데아계'라는 이원적 구조로 나눕니다. 변화하는 현실은 불완전하고 감각적인 세계이고, 그 너머에 변하지 않는 진리의 세계, 즉 '이데아'가 존재한다는 것이 그가 제시한 해답입니다.

이처럼 플라톤은 문제를 명확히 설정하고 철학사의 전통과 흐름 속에서 탐색의 과정을 거쳤습니다. 그리고 그는 그렇게 찾은 새로운 관점으로 해답을 제시하는 '문제-해결' 중심의 스토리텔링적 사고를 잘 활용한 철학자였습니다.

그런데 문제 해결의 스토리텔링적 사고로 답을 찾은 것까진 좋았지만, 현실과 이데아라는 이원론적 세계관은 선뜻 받아들이기 어렵습니다. 지금이야 AI가 발전했고, 실제 현실 같은 리얼한 그래픽 영상도 많으니, '혹시 우리가 사는 세상이 가짜는 아닐까?'라는 의심은 해볼 법한 문제 설정입니다. 하지만 가상 세계 개념도 없던 시대에는 사람들을 설득하기 어려웠을 것입니다. 그래서 플라톤은 비유의 스토리텔링을 활용합니다. 그것이 유명한 '동굴의 비유'입니다. 이 비유는 단순한 설명을 넘어, 복잡한 철학 개념을 직관적으로 이해할 수 있게 해주는 스토리텔링의 정수입니다.

'동굴 안에 갇힌 사람들이 벽에 비친 그림자를 현실로 안다면, 그들은 진짜 현실을 파악할 수 있을까?'

'어느 날 누군가가 동굴 밖으로 나가 이데아의 빛을 보고 돌아온다면, 사람들은 그의 말을 믿을까?'

만약 어떤 사람이 캄캄한 동굴 속에서 벽을 향해 앉아 있고 동굴 벽에 비친 그림자만 볼 수 있다면, 그 사람은 그림자를 진짜 세상이라고 생각할 수밖에 없을 것입니다. 이때 이 동굴이 바로 우리가 사는 감각적인 현실 세계를 뜻합니다. 그런데 어느 날 동굴에 갇힌 사람 중 하나가 밖으로 나가 태양으로 빛나는 진짜 세계를 만나게 됩니다. 이것이 바로 동굴 밖 '이데아'라는 진리의 세계입니다.

이데아를 본 사람은 동굴로 다시 들어가 사람들에게 자신이 본 진리를 말하지만, 조롱과 위협까지 받게 됩니다. 플라톤은 이 비유로 진리를 깨달은 철학자의 의무와 진리 전달의 어려움, 그가 감당할 고난의 무게까지 훌륭히 묘사합니다.

이러한 비유는 철학적 주장을 넘어서, 청중이 직접 상

상하고 공감하게 만듭니다. 이처럼 플라톤은 문제-해결 중심의 사고와 비유라는 표현 도구를 결합하여, 추상적인 철학을 살아있는 이야기로 만드는 데 성공했습니다.

문제 해결과 비유를 위한 스토리텔링

플라톤이 보여준 것처럼, 문제 해결 스토리텔링의 핵심은 문제를 해결로 이끌어갈 때 서사적인 사고를 한다는 데 있습니다. 따라서 이전에 있던 논의를 인과적인 흐름으로 파악해보는 것이 우선입니다. 이런 방식은 일반적인 글쓰기뿐만 아니라 논문에서도 많이 사용됩니다. 언뜻 보면 건조해보이는 학문적 연구 주제도, 결국 기존 논의의 맥락을 따라 새로운 해답을 제시하려는 서사적인 시도라고 볼 수 있습니다.

1. **[서론: 선행 연구 조사 및 연구 목적]** 기존 논의를 연구사적 맥락에서 검토, 연구 문제 도출
2. **[본론: 핵심 논의 및 분석]** 연구 방법론(이론)을 활용한 검증과 문제 해결
3. **[결론: 해결책 제시]** 연구 결과와 의의를 정리하고, 연

구의 한계 및 향후 과제 제시

　이러한 구조로 말하거나 글을 쓰면, 독자와 청자는 마치 미션을 해결하는 게임 캐릭터를 따라가듯 자연스러운 흐름에 몰입하게 됩니다. 서론에서 문제가 제기될 때는 '꽤 어려운 문제군'이라는 긴장감을, 결론에서 해결책이 나올 때는 '다행히 해결됐다'는 해소의 감정을 경험하게 됩니다. 즉, 논리적 설득력뿐 아니라 감정적 카타르시스까지 유도할 수 있는 기법인 것이죠. 독자의 반응은 각 단계에 따라 다음의 감정 상태를 갖게 됩니다.

　　1. [서론] 긴장의 상승, 호기심, 궁금함
　　2. [본론] 몰입, 문제 해결의 어려움에 대한 공감, 기대감
　　3. [결론] 긴장의 해소, 카타르시스, 만족감

　여기에 비유의 스토리텔링이 더해지면 설득력은 한층 올라갑니다. 비유는 복잡하거나 낯선 개념을 익숙한 사물이나 상황에 빗대어 설명함으로써, 청중의 이해와 공감을 이끌어냅니다. 하지만 앞서 본 '짬짜면'의 경우처럼, 적절하지

않은 비유는 오히려 오해와 혼란을 유발할 수 있으므로 주의가 필요합니다.

설득력 있는 비유를 위한 3가지 원칙은 다음과 같습니다.

1. 논의와 맞지 않거나 부정적 이미지를 연상시키는 비유는 피하기
2. 맥락에 맞는 비유를 사전에 준비하기
3. 뉴스, 명언, 책 인용 등 검증된 표현을 비유에 적절히 사용하기

말하기와 글쓰기는 늘 '당연함'에 도전하는 참신한 주장을 담고 있어야 합니다. 참신한 주장은 맥락을 무시하고 튀어나오는 것이어선 안 됩니다. 문제 해결에 도전했던 수많은 이야기들의 흐름 속에서 도출되어야 합니다. 이때 문제 해결의 서사를 알게 된 독자는 이것이 얼마나 해결이 어려웠던 문제인지를 체감하고, 새로운 주장과 논리가 왜 등장했는지 등을 자연스럽게 이해하게 됩니다. 하지만 플라톤의 이데아론처럼 주장이 지나치게 참신할 경우, 논리만으로는 상대를 설득하기에 부족할 때가 많습니다. 이럴 때에는 비유의 스토리텔링을 사용해야 효과적입니다.

요컨대 문제를 발견하고 풀어가는 서사적 사고, 그리고 이해를 돕는 비유의 언어-이 두 가지를 유기적으로 결합할 수 있을 때, 말과 글은 살아 움직입니다.

"이야기는 문제와 해결로 구성되어 있다."

어려운 주제일수록
이야기로 설득하라

[플라톤]

문제 해결형 스토리텔링

문제 해결형 스토리텔링은 글쓰기뿐 아니라 말하기에서도 효과적입니다. 앞선 쇼핑몰 콜센터 회의는 다음과 같이 문제 해결형 스토리텔링으로 재구성해볼 수 있습니다.

문제-긴장감 상승

- 이 회의는 회사 성장에 따른 고객 불만 처리, 즉 CS 시스템을 결정하는 자리임
- 경과를 살펴보면, 재작년까지 운영한 자동응답에 대한 고객 만족도는 매우 저조함
- 그 대안으로 작년부터 시작한 유인 콜센터는 만족도는 올랐지만 비용 부담이 증가함
- 위의 사례로 보듯, CS는 운영비 절감이냐, 고객 편의

냐라는 양자택일의 문제로 다뤄짐

: 두 마리 토끼 중 하나를 포기해왔지만, 이젠 두 마리를 다 잡는 방향으로 생각해야 함

선행 사례를 소개한 덕분에 CS 결정 과정이 하나의 이야기처럼 전개되고 있습니다. 듣는 사람들은 '꼬여 있는 문제'에 논리적으로 공감하는 동시에, 쉽게 풀기 어려운 사안이라는 감정도 갖게 되어 긴장감과 몰입도가 동시에 높아지게 됩니다. 이때 '두 마리 토끼 잡기'라는 비유의 스토리텔링을 사용하면서, 문제 해결의 목표와 방향이 선명하게 이해되기 시작했습니다.

해결 - 긴장감 해소
- 현행 유인 콜센터의 고객 만족도 수준을 유지하려면, 많은 비용이 필요함
- 자동응답 시스템으로의 재전환은 고객에게는 서비스 퇴행으로 인지될 것임
- 고객 문의는 단순 문의와 복잡한 문의로 구분될 수

있음
- AI가 단순 문의를 전담하는 동시에 유인 상담이 필요한 내용은 자동 요약하여 전달하는 시스템을 활용하겠음
- 고객 만족도를 유지할 수 있고, 장기적으로는 비용 절감도 가능함

: 낡은 사냥도구는 버리고 뛰어난 양치기견을 데려와서 두 마리 토끼를 다 잡겠다는 것임

해결 부분에서는 각 방안의 장단점, 유불리를 따져서 새로운 해결책을 제시합니다. 여기서는 단순 문의와 상담원이 필요한 문의로 이원화시킨 뒤, 이를 발전된 AI 솔루션으로 재편하는 해결책을 내놓았습니다. 마무리 멘트로는 두 마리 토끼라는 비유를 수미상관식으로 활용하여 스토리텔링을 극대화합니다. 기존의 서비스 정책을 구시대가 연상되는 낡은 사냥도구에 비유하고, 새로운 시스템은 긍정적 이미지를 지닌 양치기견에 비유함으로써 설득적인 이야기가 되었습니다.

논문, 회의 발표, 보고서 등의 상황에서는 흔히 정보의 전달만을 중시하는 것처럼 느껴지지만, 인간은 본능적으로 정보를 이야기 구조로 이해하려는 경향이 있습니다. 사람들은 단순한 도형의 움직임조차 이야기로 해석하고 있음을 기억하고 이를 활용해야 합니다.

비유의 스토리텔링 활용하기

주장하는 바를 비유로 표현하는 것은 빠른 이해를 돕는다는 측면에선 좋지만, 그만큼 오해나 부정적 이미지를 갖게 될 가능성도 있습니다. 앞선 '짬짜면'의 비유처럼 말이죠. 그래서 최적의 비유는 미리 준비해야 합니다. 그런데 비유가 제대로 떠오르지 않거나 논술 시험처럼 진지한 글을 써야 할 때는 어떻게 하면 좋을까요? 그럴 때는 기존에 널리 통용되는 텍스트를 활용하는 것을 권합니다. 대표적으로 뉴스 기사, 책, 위인 등의 명언 같은 아포리즘^{aphorism}을 사용하는 것이죠.

- 뉴스 기사: 도입부에 뉴스 기사를 인용하면 시의성뿐

만 아니라 관심도를 높일 수 있음
- 책 인용: 주제와 연관된 책 내용을 인용하면 신뢰도와 설득력을 높일 수 있음
- 아포리즘(명언): 명언, 금언, 경구, 속담 등을 사용하면 주의를 환기할 수 있고, 수미상관식으로 활용하면 강한 인상과 여운을 남길 수 있음

교수님들이 강의하실 때 최신 뉴스 기사나, 최근 발표된 논문 등을 인용하는 경우가 많습니다. 이를 통해 학생들은 오늘 배울 내용이 현실과 동떨어진 게 아니라 현재를 살아가는 데 도움이 되는 이론이라는 느낌을 갖고 몰입하게 됩니다.

책을 인용하는 것은 주장이나 근거를 뒷받침할 때 흔히 사용하는 방식으로만 알고 있습니다. 하지만 명강사나 글을 잘 쓰는 사람들은 마치 연극의 명대사처럼 극적 효과를 불러일으키는 방식으로 씁니다. 예를 들면 아래와 같은 경우죠.

"지금까지 인간관계에 대해 여러 이야기를 나눴습니다

만, 좋은 친구, 좋은 배우자가 되기 위해서는 나의 욕망과 이기심을 내려놓고 내가 먼저 순수한 마음이 되어야 합니다. 자신은 하나도 손해를 보지 않으려고 하면서, 좋은 사람을 곁에 두겠다는 건 말이 안 되죠. 그래서 박남수의 〈새〉라는 시에 이런 구절이 나옵니다… (시집을 펼치며) 포수는 한 덩이 납으로 그 순수를 겨냥하지만, 매양 쏘는 것은 피에 젖은 한 마리 상한 새에 지나지 않는다… 이기적인 사람이 손에 쥘 수 있는 건, 하늘을 나는 새가 아니라 그저 피에 젖은 새뿐입니다."

인간관계에 대한 주장이 강연자의 개인적인 의견으로 끝날 수 있었지만, 아름다운 시구를 인용함으로써 말에 권위가 더해졌습니다. 그뿐 아니라 감동이라는 정서적 효과를 불러일으켜 훨씬 설득적이 되었음을 발견하게 됩니다. 상황에 맞는 문구를 인용하기 위해서는 평소 다양한 장르의 책을 읽고, 깊이 있는 성찰이 담긴 독서를 꾸준히 해야 합니다.

명사들의 아포리즘을 사용할 때는 위의 경우처럼 극적 효과를 이용한 강조 형태로도 활용할 수 있지만, 서론에서 명사와 관련된 이야기를 소개하고 결론에서 그의 명언으로 마무리하는 수미상관 방식을 연습해보면 좋습니다.

　　예전에 기자 직종으로의 입사를 위해 논술 시험을 볼 때였습니다. 언론인이 갖춰야 할 자질과 관련된 주제가 나왔습니다. 예상할 수 있는 문제였기에 시험을 준비한 사람들은 비슷한 내용의 글을 쓸 것이라 추측되는 상황이었습니다. 그런데 남과 다른 내용을 쓰려고 해도, 주제가 지나치게 일반적이어서 참신한 논술을 쓰기 어려웠습니다. 생각 끝에 수미상관 스토리텔링 기법을 활용하였습니다.

　　도입부에서는 세계적으로 존경받던 언론인의 타계 뉴스로 글을 열었습니다. 본론에서는 무엇이 그를 존경받는 언론인으로 만들었는지를 언론인이 갖춰야 할 자질과 연관 지어 기술했습니다. 결론은 그분이 남긴 명언으로 끝맺음했습니다.

　　내용상으로는 다른 사람들과 대동소이했겠지만, 스토리텔링 기법을 활용함으로써 남과 다른 글을 쓸 수 있었고 비교적 쉽게 시험을 통과했습니다. 최신 뉴스 기사를 인용했기에 현시점에 맞는 시의성을 획득했고, 존경받는 언론인의 사례가 글의 신뢰도와 공감도를 높여주었으며, 생전에 강조한 명언으로 끝맺음하여 글의 통일성과 완결성을 획득할 수 있었습니다.

<u>좋은 말하기와 글쓰기를 위해서는 사상가인 동시에 스토리텔러가 되어야 합니다.</u> 플라톤은 철학자인 동시에 탁월한 이야기꾼이었습니다. 그는 문제 해결 형식의 서사적 사유를 보여준 동시에 비유의 스토리텔링으로 어려운 이데아론을 동굴에 빗대어 쉽게 이야기했습니다. 스승인 소크라테스를 캐릭터화하여, 자기주장에 권위를 싣는 동시에 적절한 유머를 가미하여 끝까지 몰입하여 책을 읽을 수 있도록 배려하였습니다. 그는 철학 논문 대신, 흥미진진한 연극적 상황과 대화체를 통해 독자를 끝까지 설득하고자 노력했습니다.

이러한 노력은 단순히 '그렇구나' 하고 넘어갈 만한 것이 아닙니다. 만약 우리가 역사상 최고의 학자 중 한 명이라면 어땠을까요? 아마도 상대가 이해하든 말든, 천재성이 번뜩이는 논문을 쓴 것만으로 만족했을지도 모릅니다. 구태여 쉬운 말과 비유를 찾느라 고민하지 않았겠죠. 하지만 플라톤은 달랐습니다. 그는 위대한 사상을 만드는 만큼의 노력을 기울여 사람들을 이해시키고자 했습니다. 우리가 그를 위대하다고 칭송하는 이유는, 그의 사상뿐 아니라 자신의 깨달음을 사람들과 온전히 나누고자 했던 태도에 있습니다.

따라서 우리는 플라톤에게서 철학 사상뿐 아니라, 말과 글을 쓰는 태도를 배우게 됩니다. 그 태도란 설득을 향한 진지한 노력입니다.

"좋은 말하기와 글쓰기를 위해서는
사상가인 동시에 스토리텔러가 되어야 한다."

잘못된 논리인 건 알겠는데
말문이 막힐 때

[플라톤]

비판적 성찰을 위한 사고실험

"나라꼴이 말이 아니네. 곳곳이 문제라니까."

뉴스를 볼 때면 한숨과 함께 종종 이런 말이 튀어나오곤 합니다. 술집에서 소주를 한 잔 들이켤 때도 마찬가지죠. 그런데 상대방이 묻습니다.

"나라꼴이 뭐가 어때서 그래? 그럼 이상적인 나라는 어떤 곳인데?"

상대가 이렇게 되물으면 답변이 막막해집니다. 술자리에서 진지한 토론은 그다지 어울리지 않는다는 걸 빼놓고서라도, 좋은 나라, 나쁜 나라 같은 거대한 주제는 어디서부터 말을 시작하면 좋을지 막막해지기 마련이죠. 소크라테스였다면 '옳다구나!' 하면서 멋지게 문답법으로 대화를 이어나 갔겠지만 말입니다.

우리가 말문이 막히는 경우는 이뿐이 아닙니다. 상대 주장이 잘못된 건 아는데 뚜렷한 반론이 떠오르지 않을 때도 종종 있습니다. 예를 들어, 차를 타고 가다가 쓰레기를 버리는 운전자를 보고 혀를 차며 말합니다.

"쓰레기를 길바닥에 버리다니… 길이 지저분해지잖아."

그러자 옆자리의 지인이 씩 웃으면서 말합니다.

"물론 그런 사소한 문제도 있을 수 있지. 하지만 쓰레기를 버리는 건 좋은 점이 더 많아. 요즘 경기도 안 좋은데, 길거리에 쓰레기도 있어야 청소 도구도 팔리고 관련된 공공 일자리도 생기는 법 아니겠어? 네가 말한 불편 정도는 함께 참아내는 게 사회를 위한 일이야."

"…"

쓰레기를 버리면 안 된다는 건 초등학교 때부터 배워온 공중도덕입니다. 당연히 쓰레기를 함부로 버리면 안 됩니다. 그런데 지인의 논리는 이상해보여도 그런대로 말이 되는 듯합니다. 청소가 필요 없을 정도로 길거리가 깨끗하다면 관련 산업이나 일자리 역시 줄어들 것 같기 때문이죠. 이처럼 분명 잘못된 말인 건 알겠는데 말문이 막힐 때는 어떻게 하면 좋을지 몰라 전전긍긍하게 됩니다.

그래서 궁금합니다. TV에 나와 능수능란하게 토론을 잘하는 사람처럼 되려면 무엇을 공부하면 좋을까요? 상대가 이상한 논리를 들고 나올 때, 멋지게 허점을 간파해서 비판하려면 누구에게 배워야 할까요? 고대 그리스 최고의 철학자로 손꼽히는 플라톤에게서 '사고실험'을 배우면 됩니다.

플라톤의 《국가》로 배우는 사고실험 이야기

플라톤의 《국가》를 보면, 이상적으로 좋은 국가는 무엇인지에 대한 사고실험이 등장합니다. 그는 먼저 '만약 ~라면'이라는 식의 가정을 통해 생각을 시작합니다.

'만약 이상적인 국가가 있다면?'

완전무결한 정치경제 제도를 갖춘 나라는 현실 속에서는 있을 수 없지만, 사고실험이므로 과감하게 가정을 해보는 게 중요합니다. 그다음에는 중요도에 따라 질문을 이어가 보는 겁니다. 여기서 올바른 국가가 되기 위한 조건은 여럿 있겠지만, 현실적으로는 누가 어떻게 통치하는가, 즉 정치 체제가 가장 중요할 것입니다.

플라톤 당시 아테네의 정치 제도는 민주주의를 기반으로 했습니다. 하지만 플라톤이 보기에 당시 아테네의 직접 민주주의는 많은 문제점을 갖고 있었습니다. 그는 제대로 교육받지 못하고 지혜가 부족한 시민이 권력을 잡게 되면 결국 중우정치가 될 가능성이 높다고 봤습니다. 실제로 그의 관점에서는 소크라테스가 사형을 당한 것도 이러한 제도적 폐해 때문이라고 볼 수 있었겠죠. 그래서 플라톤은 아테네의 직접 민주주의보다는 지혜로운 왕이 다스리는 세상이 이상적인 국가에 어울리는 정치 제도라고 생각한 듯합니다.

이때 '지혜로운 통치자'는, 이성으로 진리를 파악한 자, 즉 동굴 밖으로 나와 이데아의 태양을 본 철학자여야 한다고 주장합니다. 또한 그는 통치자는 청렴함도 갖추고 있어야 한다고 주장합니다. 지혜와 청렴함을 철인왕(철학자 왕)의 조건으로 꼽게 되면, 사고실험은 꼬리를 문 것처럼 한 단계 더 구체화됩니다.

"만약 지혜롭고 청렴한 철인왕이 필요하다면, 그는 어떤 교육을 받아야 하고 어떻게 선발되어야 할까?"

플라톤은 체계적인 교육 제도와 인재 양성을 위한 훌륭한 커리큘럼, 그리고 공정한 선발 원칙을 제시합니다. 모든 아이는 보편적으로 제공되는 교육을 받으며 자라나고 그 능력과 소질에 따라 직업을 갖게 될 것입니다. 그런데 앞서 말했듯이 아무리 지혜로운 왕이더라도 사랑하는 가족 앞에서는 약해질 수밖에 없고, 자식들을 위해 부정부패를 저지를 가능성이 있습니다. 그래서 지배 계급은 사유 재산과 가족도 갖지 못하도록 강제해야 한다는 조건을 추가합니다. 재산도 없고 돌볼 가족도 없다면, 비리와 부패의 유혹 없이 오직 나라를 위해 일할 수 있게 된다는 논리죠.

사고실험에 따라 필요한 조건을 보완해 나가다 보면,

이상적인 국가는 능력과 적성에 따라 통치자, 수호자(방위자), 생산자 계급으로 나뉘어 자기 자리에서 최선을 다하는 사회라는 결론에 도달합니다. 그런데 아직 질문은 끝나지 않았습니다. 누군가는 이런 질문을 제기할 수 있기 때문이죠.

"만약 자신의 계급에 불만이 있는 사람이 있다면?"

능력과 소질에 따라 직업과 계급을 나눴지만, 모두가 만족하긴 어려울 것입니다. 게다가 생산자는 국가의 근본이 되는 계급이기에 온갖 어려운 의무와 책임을 도맡아 처리할 수밖에 없으니 때때로 강한 불만이 표출될 수 있겠죠. 플라톤은 그때를 대비해 일종의 고귀한 거짓말, 즉 사회적 신화를 만들어야 한다고 말합니다.

"너는 신이 금을 섞어서 만들었고, 너는 은의 종족이지. 그리고 불만이 좀 있겠지만 애초부터 너는 철과 구리로 된 종족이니 어쩔 수 없구나."

플라톤은 '만약 ~라면'이라는 식의 사고실험을 거듭

한 끝에 누가 지도자가 되어야 하는지, 어떤 교육과 선발 제도가 필요한지, 국민의 직업과 사회 계층을 어떻게 구성하고, 유지할 것인지에 대한 세부적인 기준을 만들 수 있었습니다. 그렇게 기본적인 조건이 만들어지면 그것을 현실에 맞게끔 다듬어 비판적으로 적용하면 이상적인 국가가 탄생하게 됩니다. 참 쉽죠?

사고실험은 어떤 쓸모가 있을까?

플라톤의 국가를 주제로 한 사고실험은 정치사회를 비롯한 다양한 분야에서 화제가 되며 현재까지도 중요하게 다뤄지고 있습니다. 대표적으로 칼 포퍼Karl Raimund Popper의 《열린 사회와 그 적들》에서는 철인왕과 같은 소수 엘리트의 다수 지배, 진리 독점의 문제, 절대적 체계인 이데아를 지향하면서 나타나는 폐쇄성 등을 거론하며, 플라톤의 《국가》가 닫힌 세계의 전형에 가깝다고 비판합니다. 그렇다면 이런 비판을 받는 플라톤의 사고실험은 잘못된 것일까요?

아닙니다. 오히려 플라톤의 이론이 있었기에 열린 사회와 대비되는 선명한 논증도 가능했다고 보는 편이 타당할 것입니다. 현재를 돌아보면 플라톤의 《국가》가 갖는 효용을 더욱 잘 이해할 수 있습니다. 플라톤 이후 이천 년이 넘는 시간 동안, 우리는 아무리 위대한 통치자라도 완벽할 수는 없음을 알게 되었습니다. 오히려 플라톤이 경계했듯이, 사적 욕망으로 인해 부정부패에 휘말리는 경우를 훨씬 많이 목도했습니다. 뿐만 아니라 평등한 교육과 공정한 선발이라는 가치는 완벽하게 실현되기 어렵다는 것을 깨달은 반면, 권력가의 비밀 결탁처럼 언급된 금, 은, 동이라는 계급적 신화는 현대 사회에서 더욱 위세를 떨치고 있음을 봅니다.

플라톤이 《국가》에서 완벽한 이상 국가에 대한 아이디어를 일목요연하게 정리해준 덕분에, 우리가 추구할 이상과 현실의 깊은 골에 대해 다시금 성찰할 수 있게 되었습니다. 이상적인 국가에 필요한 통치자와 그 자격, 정치사회 구조에 대한 구체적인 근거를 마련했기에 《국가》는 이천 년이 지난 뒤에도 현재의 엘리트주의나 계급의식, 닫힌 사회체제를 비판할 수 있는 중요한 텍스트가 된 것입니다.

이처럼 사고실험은 거대 담론을 현실의 구체적인 아이디어로 정교화하는 것은 물론, 현실에서 수행이 어렵거나 부작용이 있을 수 있는 실험 없이도 문제점을 찾거나 미래를 예측하는 데 유용하게 사용될 수 있습니다. 그래서 과학과 윤리 분야에서도 많이 사용되는 방법입니다.

아인슈타인의 엘리베이터 사고실험은 등가원리와 일반 상대성 이론을 설명하는 데 기여했고, 슈뢰딩거의 고양이 사고실험은 양자역학의 개념을 이해하고 새로운 패러다임을 제시하는 데 중요한 역할을 했습니다. 요컨대 사고실험은 주장을 뒷받침할 구체적인 조건을 만들 뿐만 아니라, 그것에 대해 비판하고 성찰하는 과정을 통해 현실의 실천 방안을 다듬도록 해주는 훌륭한 생각 도구인 셈입니다.

"사고실험은 비판적 성찰과 실천을 가능케 하는 생각의 도구다."

막연함 속에서
아이디어를 만드는 방법

[플라톤]

사고실험으로

근거와 아이디어 만들기

사고실험에서 구체적인 아이디어를 만드는 방법은 간단합니다.

'만약 ~라면'이라고 가정하기 (만약 이상적인 국가가 있다면?)
↓
논리 전개 (만약 철학자가 지도자라면?)
↓
내용 구체화 (교육과 선발 방식은?)

이런 식으로 사고하면 막연하고 거대한 주제에 대해서도 구체적인 근거 및 아이디어를 만들어나갈 수 있습니다. 이른바 이상적인 집을 머릿속에 떠올리고, 그에 따라 거실, 주방, 화장실 배치, 이를 위한 전기 및 수도 배치 등을 차례

대로 세세하게 설계도에 그려나가는 원리입니다. 예를 들어, 다음처럼 큰 이야기 주제가 주어졌다고 해보겠습니다.

'AI 시대와 노동'

AI가 발전하면서 미래가 어떻게 될지, 또 우리는 무엇을 준비해야 할지에 대한 논의가 활발합니다. 그런데 AI와 노동이라는 주제가 광범위해서 무엇부터 써야 할지 막막해집니다. 이때 과감한 사고실험이 필요합니다.

'만약 AI가 현재의 모든 노동을 대체한다면?'

이렇게 가정하면, 사람들이 일을 AI에게 넘긴 채 소득 없이 집에서 놀게 되겠죠. 당연히 '사람들은 어떻게 경제 활동을 할 것인가?'라는 질문이 떠오릅니다. AI 기업 등으로부터 세금을 걷어 생계를 보장하자는 기본 소득에 대한 논의가 바로 이런 사고의 연장에서 등장합니다. 또한 근로 없이도 생계유지가 가능해진다면, 역사상 최초로 노동에서 해방된 인간의 시대가 열림을 의미할 수 있습니다. 일하지 않아도 생활이 가능해진다면 그다음엔 어떤 질문이 타당할까요?

'만약 노동에서 해방된다면 사람들은 무엇을 해야 할까?'

노동에서 해방된 사람들에겐 결국 시간을 어떻게 보내느냐가 중요해질 것입니다. AI 시대로 인해 노동이 종말을 고하는 순간, 우리는 노동이 곧 삶의 전부였던 우리 윗세대처럼 극심한 허무감에 시달릴 수 있습니다. 쇼펜하우어가 말했듯 고통과 권태를 오가던 인류는, 이제 일상의 권태만 떠안게 될 위기에 처한 것이죠. 그렇다면 AI 시대와 노동의 미래를 준비하는 일은, 오히려 자아를 발견하고 방치된 시간 속에서도 창조적일 수 있는 인간이 되는 일이어야 한다는 결론에 도달합니다.

이처럼 '만약 ~라면?'으로 사고실험을 거듭하면, 막연한 주제가 주어져도 좋은 아이디어를 직관적 통찰로 연결하여 글을 써 내려갈 수 있습니다. 그런데 사고실험은 명백하게 잘못된 상황을 가정하는 형태로도 사용할 수 있습니다.

플라톤은 《국가》에서 트라시마코스라는 인물을 통해 한 가지 극단적인 가정을 던집니다.

"만약 정의가 강자의 이익이라고 한다면?"

권력을 가진 사람의 이익이 곧 정의라는 뜻이니, 이 주장은 누가 들어도 불편하고 납득하기 어렵습니다. 하지만 플라톤은 이 전제를 소크라테스를 통해 끝까지 반박하게 함으로써 해당 주장의 모순이 드러나도록 유도합니다. 이처럼 잘못된 가정으로 사고실험을 취하는 방식은 수학과 논리학에서 명제의 참, 거짓을 검증하는 귀류법과도 유사한 점이 있습니다.

귀류법은 어떤 명제가 참인지 증명하기 위해 그 명제가 거짓이라고 가정한 뒤, 모순이 발생함을 보여줌으로써 원래 명제가 참임을 증명하는 방법입니다. 예를 들어 1+1=2임을 증명하려면, 1+1≠2라고 가정한 뒤에 모순이 발생하면, 원래 명제인 1+1=2가 참이라는 결론에 도달하는 방식이죠. 엄밀히 말하면 사고실험과 귀류법은 다르다고 봐야겠지만, 가정에서 출발하여 사고를 극단으로 밀어붙임으로써 아이디어는 물론 모순점을 찾는다는 점에서 사고실험과 맞닿아 있습니다. 이처럼 '만약 ~라면'은 때로 창의적인 아이디어를, 때로는 허점을 찾아내는 강력한 도구가 됩니다.

반론 만들기 사고실험:
'만약 모두가 항상 ~한다면?'

사고실험은 반론을 만들 때도 유용하게 쓰입니다. 특히 '모두가', '항상' 같은 절대적인 표현을 가정해보면, 논리의 허점을 찾아내기 쉬워집니다.

'만약 모두가 영원히 또는 항상 ~한다면'

이것은 일명 '보편화 가능성 시험'이라 부르는데, 임마누엘 칸트의 《도덕 형이상학을 위한 기초 놓기》에 나오는 상상법입니다. 즉 '너의 행위의 준칙이 보편 법칙이 될 수 있도록 하라'는 문장에서 유래한 사고실험 방식이죠. 예를 들어, 누군가의 거짓말에 대해 "거짓말하면 나쁜 사람이야!"라고만 말하면 설득력이 약합니다. 이럴 때는 이렇게 반문해보면 좋습니다.

'만약 모두가 항상 거짓말을 한다면?'

모두가 거짓말을 거리낌 없이 하는 사회는 서로를 신뢰할 수 없기에 소통이 불가능해질 것입니다. 또한 개인 간 거래부터 사회, 더 나아가 국가와의 약속과 계약은 성립조차 되지 않을 것입니다. 결국 사회적 규범은 파괴되고 무법천지가 되어 버리고 말겠죠. 이러한 사고실험은 혼란을 느낄 때 그 기준을 선명하게 정리해준다는 점에서 매우 효과적입니다. 특히 윤리는 시대와 문화에 따라 상대적인 특성을 갖기에, 어떤 행위가 도덕적인지를 판단하기 무척 어렵습니다. 이 사고실험 기법을 사용하면 보편적 기준점을 세울 수 있어 도덕과 올바른 가치관이 무엇인지를 비교적 쉽게 찾을 수 있습니다.

앞서 '쓰레기를 길에 버리는 것도 유익한 일이다'라는 주장도 다음과 같이 반박될 수 있습니다.

'만약 **모두가 항상** 길에 쓰레기를 버린다면?'

만약 '모두가 항상' 길에 쓰레기를 버린다고 가정하면, 청소용품을 아무리 많이 생산하고, 청소차가 하루에 수십 번을 다녀도 길거리에 나부끼는 쓰레기는 결코 다 치울 수 없다는 결론이 도출됩니다. 이러한 사고실험은 '대부분의 사람은 쓰레기를 버리지 않기에, 내가 버리는 정도로는 심각한 문제가 되지 않는다'라는 숨은 전제가 있었음을 드러냅니다. 이때 극단적인 상황을 상상함으로써 그 주장이 사실은 암묵적인 전제, 즉 예외 상황에서만 성립하는 논리임을 밝혀주는 것이죠.

예시를 하나 더 살펴보겠습니다.

"요즘은 악인이 행복하게 잘 사는 사회야. 우리도 악당처럼 살아야 해."

넘쳐나는 악인들에 질린 회사 동료가 자포자기하듯 이런 말을 했다고 할 때, 어떤 논리로 상대를 위로할 수 있을까요?

"만약 세상 사람 **모두가 항상** 악인처럼 행동한다면?"

이 역시 거짓말 사고실험의 결과와 유사합니다. 이기적이고 자신밖에 모르는 악인들만 사는 사회는 영화나 소설과 달리 실제로는 유지되기 매우 어렵습니다. 매 순간 서로의 욕심이 충돌하여 격렬한 싸움이 일어날 것이고 그 싸움에서 희생된 자는 사라지게 되면서, 시간이 지나면 아무도 살아남지 못하게 될 가능성이 큽니다. 그래서 토마스 홉스는 만인의 만인에 대한 투쟁 상태를 극복하기 위해 강력한 주권자의 존재를 주장한 바 있지만, 정상인은 없고 순수한 악인들만으로 구성된 사회라면 그 어떤 권력도 지속 가능한 질서를 만들 수 없을 것입니다.

이렇게 보면 오늘날 우리 사회가 다양한 문제에도 불구하고 일정한 질서와 정의감을 유지하고 있다는 사실은 악인이 소수이고 선한 사람이 여전히 다수임을 보여주는 증거일 수 있습니다. 사회는 단순한 집합체가 아니라, 마치 유기체처럼 생존을 위한 시스템을 갖추고 있습니다. 예를 들어 권력 간의 견제와 균형, 선한 행위의 사회적 효용을 강조하는 문화적 규범 등이 그것입니다. 결국 악이 넘쳐 보이는 순간에도 사회는 선을 중심으로 균형을 유지하려는 힘을 작동시키고 있습니다. 이러한 점에서 우리는 여전히 선한 다수의 존재를 믿을 수 있으며, 그것이야말로 사회가 지속될 수 있는 이유일 것입니다.

'만약 ~라면?'이라는 질문은 단순해보이지만, 아이디어를 창조하고 논리의 허점을 밝혀내는 데 강력한 힘을 가집니다. 현실에 없는 상황을 가정함으로써 오히려 현실의 본질을 더 분명하게 볼 수 있게 되며, 주장을 설득력 있게 만들고, 상대의 논리적 맹점을 짚어낼 수 있습니다. 아이디어가 떠오르지 않을 때, 논리에 틈이 느껴질 때, 누군가의 말이 납득되지 않을 때, 이렇게 질문을 던져 보세요.

'만약 ~라면?'

'만약 모두가 항상 ~한다면?'

답은 그 안에 이미 준비되어 있을 것입니다.

"막막한 순간, 사고실험은 해답을 준다."

3부

쓰는 순간, 당신의 철학이 드러난다

나를 더 나은 존재로 만드는
글쓰기

확실한 내용을
적합한 형식으로 써라

[아리스토텔레스]

좋은 논리는 귀납과 연역에서 나온다

"이게 최선입니까? 확실해요?"

"확실한 건 아닌데… 구체적으로 어디가 마음에 안 드시는지…"

"어떻게 알아요, 내가! 제목만 봤는데"

예전에 방송된 〈시크릿 가든〉이라는 드라마에 나온 대화입니다. 웃어넘기기엔 회사에서 벌어지는 상황을 잘 포착했다는 생각이 듭니다. CEO인 주인공은 기획안 내용이 확실한지를 묻습니다. 그리고 제목만 봐서 모른다는 말은 바쁜 회사에서 필요한 보고 방식을 고민하게끔 합니다. 일반적으로 말하는 좋은 보고서란, 확실한 내용을 적합한 형식으로 쓴 것입니다.

좋은 보고서 = 확실한 내용 + 적합한 형식

신입 사원 때 가장 많이 헷갈렸던 부분은 내용의 확실성이었습니다. 선택지마다 나름의 장단점이 있었기 때문입니다. 예를 들어 신규 프로젝트를 진행할 협력사를 자회사로 할지, 외부업체로 할지 보고해야 하는 상황이라고 가정해보겠습니다. 자회사는 소통하기도 쉽고 회사 브랜드 가치와 유부영의 자원을 쉽게 공유할 수 있다는 점에서 장점이 있습니다. 하지만 해당 자회사가 가장 적합한 업체는 아닐 수 있고, 본사와 자회사 간의 내부 이해관계로 인해 수동적으로 일하게 되거나 프로젝트 자체가 꼬일 위험성도 커 보입니다.

그렇다 보니 '이럴 수도 있고, 저럴 수도 있다'라는 내용을 보고서에 줄줄이 쓰게 됩니다. 결국 드라마에서처럼 최선의 결론도 아니고, 확실하지도 않은 어정쩡한 보고서가 만들어집니다. 결과는 어떨까요?

당연히 '확실해요?'라고 되묻는 대화가 반복됩니다.

확실한 내용의 보고서 쓰기

이런 문제는 하루이틀 일이 아니었던 것 같습니다. 고대 그리스 철학자들도 '확실한 정답'을 찾기 위해 늘 고민해야 했습니다. 물론 철학자들은 '세상은 무엇이고, 인간은 어떤 존재인가?' 같은 거대 담론을 다루긴 했지만요. 그리고 그렇게 확실한 정답을 추론하기 위한 고민의 결과로 나온 것이 아리스토텔레스의 귀납 추론, 연역 추론입니다.

후대 학자들이 아리스토텔레스 논리학을 가르치며 사용한 아래의 삼단논법이 추론의 대표적인 예입니다.

[대전제] 모든 인간은 죽는다.
[소전제] 소크라테스는 인간이다.
[결론] 따라서 소크라테스는 죽는다.

삼단논법을 보면 '모든 인간은 죽는다'라는 대전제를 통해 '소크라테스는 죽는다'는 개별 사실을 추론하고 있습니다. 대전제가 옳은 것이라면 결론은 항상 옳을 수밖에 없다는 점에서 주장의 확실성을 담보해주고 있죠. 드디어 확실한 지식을 얻게 된 셈이니 이것을 보고서에 응용해보면 명확한 결론을 쓸 수 있을 듯합니다. 바로 적용해서 CEO에게 가지고 올라가 보고합니다.

기획안 보고 A : "본사와 자회사 간 협업으로, 이번 프로젝트를 시행하고자 한다."

[대전제] 모든 본사와 자회사 간 프로젝트는 성공했다.
[소전제] 이번 신규 프로젝트는 본사와 자회사 간 프로젝트다.
[결론] 따라서 신규 프로젝트는 성공할 것이다.

연역법에 속하는 삼단논법을 그대로 적용해서 확실해 보이는 결론을 얻었습니다. 그런데 CEO가 얼굴을 찌푸립니다. 일단 대전제에 나온 "모든 본사와 자회사 간 프로젝트는 성공했다"가 미심쩍은 듯합니다. 그래서 대전제는 어떻게 나온 것인지를 묻습니다. 당연히 담당자는 이에 대한 근거도 준비해 두었습니다.

기획안 보고 B: "본사와 자회사 간 지금까지의 프로젝트 결과는 다음과 같다."

[사례 1] A라는 프로젝트는 성공했다.
[사례 2] B라는 프로젝트도 성공했다.
[사례 3] C라는 프로젝트 역시 성공했다.
[결론] 모든 본사와 자회사 간 프로젝트는 성공했다.

위의 방식은 개별적인 사례를 모아 결론을 만드는 귀납법입니다. 이를 통해서 '모든 본사와 자회사 간 프로젝트는 성공했다'라는 답을 얻었기에 자회사와 협업하자고 보고했던 것입니다. 그런데 CEO가 쉽게 물러서질 않고 다시 묻습니다.

"A, B, C 프로젝트가 성공했다고 이번 건도 성공하리라는 보장이 있습니까? 확실해요?"
"확실한 건 아니지만… 확률적으로는…"

귀납법을 통해 보편 원리를 만들고 그 원리를 적용해

연역 추론 방식의 보고서를 만들었지만, 수레바퀴 같은 보고서 지옥에서의 탈출은 쉽지 않아 보입니다. 확실한 내용이 담긴 좋은 보고를 위해서는 귀납과 연역에 대해 더 알아봐야 할 듯합니다. 바로 아리스토텔레스를 통해서 말이죠.

귀납과 연역을 활용하면
확실한 답에 가까워진다

앞서 말했듯이 논리를 이용해 확실한 답을 얻는 방법은 철학자들이 오랫동안 고민해온 문제입니다. 특히 스승과 제자 사이였던 플라톤과 아리스토텔레스가 세계를 이해하고 설명하는 방식을 들여다보면, 왜 연역과 귀납 추론이 필요했는지를 납득하게 됩니다.

  플라톤은 보이는 현실 너머에 이데아라고 부르는 완전한 세계가 있다고 믿었습니다. 반면 현실은 그 이데아의 그림자일 뿐이라고 주장했죠. 예를 들어 의자라는 개념도 하늘 저편에 존재하는 이상적인 의자가 있다고 본 것입니다. 하지만 이런 획기적인 주장도 비판의 전통을 피해 가긴 어려웠습니다. 아리스토텔레스는 이렇게 말합니다.

> "에이도스(이데아)는 사물의 운동이나 변화의 원인이 아니고 실체도 아니기에, 다른 사물을 인식하는 데 효용이 없다."
>
> _아리스토텔레스, 《형이상학》

아리스토텔레스는 사물과 따로 떨어져서 존재하는 것처럼 다뤄지는 이데아로는 운동이나 변화를 설명할 수 없다고 봅니다. 대신 경험하고 관찰할 수 있는 대상이 존재하는 현실 세계에 더 관심을 보입니다. 플라톤이 '의자의 본질은 이데아에 있다'라고 본다면, 아리스토텔레스는 '의자의 형상은 바로 이 나무토막 속에 있다'라고 주장합니다. 그는 관찰과 경험, 범주와 분류를 통해 현실 세계의 원리를 찾아내려 한 것이죠. 이러한 점에서 플라톤과 아리스토텔레스를 각각 합리주의와 경험주의의 철학적 기초를 마련한 인물로 평가하기도 합니다. 라파엘로가 그린 〈아테네 학당〉이라는 그림에서, 플라톤은 손가락으로 하늘을, 아리스토텔레스는 땅을 가리키고 있는 형태로 묘사한 이유도 그들의 관심사가 관념적인 이데아와 현실 세계로 각기 달랐기 때문입니다.

그런 만큼 아리스토텔레스는 현실의 학문을 만들어낸

창시자로 인정받습니다. 현재의 다양한 학문 명칭인 시학, 논리학, 정치학, 윤리학 등이 아리스토텔레스의 저작이나 글에서 유래했거나 그 영향으로 이름 붙여졌기 때문입니다. 이렇게 현실을 설명하는 학문을 만들려면 보편적이고 확실한 논리 구조가 필요합니다. 아리스토텔레스는 이를 위해 논리학을 정립하려 노력했고, 세상에 대한 지식을 만드는 핵심 도구로 귀납과 연역이라는 두 추론 방식을 활용했습니다.

"연역은 어떤 것들이 규정되면 그와 다른 무언가가 필연적으로 따라 나오는 것이다."

_아리스토텔레스, 《분석론 전서》

연역법은 보편적인 원리로 개별적인 결론을 이끌어냅니다. 앞선 예시에서 보았듯이 '모든 인간은 죽는다'는 대전제가 참이라면, 소크라테스라는 개별 인간도 죽으리라는 답을 추리해낼 수 있죠. 전제가 참이라면 결론도 반드시 참이 되는 확실한 논리 구조를 찾아낸 것입니다. 그런데 '모든 인간은 죽는다'는 보편적인 원리는 어디서 만들어진 것일까요? 그 출발점은 바로 귀납입니다.

"귀납은 개별적인 것들을 통해서 보편적인 것을 나타낸다."

_아리스토텔레스,《분석론 후서》

귀납은 여러 개별적인 사실들을 관찰해 보편적인 원리를 찾아내는 방식입니다. 예를 들어 A, B, C 등 무수히 많은 사람들이 죽는 것을 관찰하면, '모든 인간은 죽는다'는 보편적인 원리를 얻어낼 수 있습니다.

그런데 귀납은 수많은 사례로부터 일반화를 한다는 점에서 완전한 참이 되긴 어렵습니다. 하나라도 예외가 나타나면 기존 결론은 수정되어야 하기 때문이죠. 앞서 CEO가 했던 마지막 질문처럼, '앞선 사례들이 성공했다고 이번에도 성공할까?', 혹은 '만약 영생하는 사람이 한 명이라도 발견된다면?'이라는 질문에는 확실한 답을 할 수 없습니다. 따라서 형식이 타당하고 전제가 참이면 결론도 참이 되는 연역 추론과 다르게, 귀납 추론은 확실한 참을 보장하긴 어렵고 가능성이 높다는 정도로 이야기할 수 있다는 특징이 있습니다. 이처럼 귀납은 확률과 맞닿아 있습니다.

이 두 가지 방식은 지금도 학문의 영역에서 지식 생산의 공장과 같은 역할을 하고 있습니다. 가령 나비를 연구하는 연구자는 주변의 나비를 관찰합니다. 그가 관찰한 모든 나비는 날 수 있었습니다. 그렇다면 A, B, C 나비들이 하늘을 날 수 있다는 개별적인 사실에서 '모든 나비는 날 수 있다'라는 보편적 원리를 만들 수 있습니다. 이후 새로운 신종 나비를 발견했을 때, 굳이 그 나비가 날 때까지 기다리지 않아도 연역 추론을 이용하면 결과를 추리할 수 있습니다.

'모든 나비는 날 수 있다.'
'신종 나비도 나비다.'
'그러므로 신종 나비도 날 수 있다.'

이러한 추론 후에는 신종 나비가 날 수 있는지를 관찰하거나 실험해보면 됩니다. 만약 신종 나비도 날았다면 기존의 이론은 유지가 될 것이고, 그렇지 않다면 귀납적으로 만들어진 결론은 수정되겠죠. 이것만 봐도 연역과 귀납을 잘 활용하면 정답에 가까워지리라는 기대를 하게 됩니다.

지금까지 연역과 귀납 개념을 살펴봤습니다만, 이를 논리의 영역으로만 한정 지어 기억하는 건 아쉽습니다. 방금 전 나비의 사례처럼 아리스토텔레스가 바라던 학문적 지식이 바로 이 두 추론이 맞물리면서 만들어지기 때문이죠. 귀납과 연역이 지식의 구조가 되어준다는 점에서, 논리적 탐구는 결국 이 두 개의 다리로 서 있음을 기억하면 좋겠습니다.

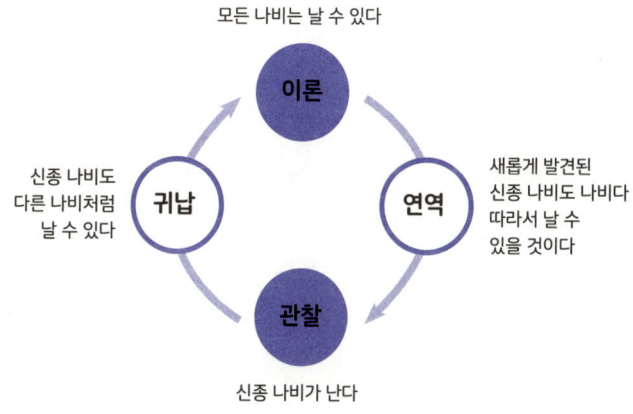

좋은 논리는 귀납과 연역에서 나온다

지금까지 귀납과 연역의 주요 개념을 살펴봤습니다. 그런데 논리학 책을 읽어본 사람이라면, 앞에서 설명한 정의가 다소 낯설게 느껴질 수도 있습니다. 그 이유는 학문마다 용어를 정의하는 방식이 조금씩 다르기 때문입니다. 그래서 어떤 이는 '개별적 사실에서 보편적 결론을 끌어내고 보편적 결론으로 개별적 사실을 확인하고…' 같은 설명은 잘못된 것이라고 주장하기도 합니다. 하지만 어느 쪽이든 틀린 것은 아닙니다.

예를 들어 형식 논리학에서는 귀납과 연역을 정의할 때 전제와 결론의 관계를 엄격하게 따져 구분합니다. 반면 과학의 영역에서는 개별적 사실에서 보편적 원리를 도출하거나, 그 원리로 개별 사례를 설명하는 흐름 자체에 관심을 둡니다. 표준국어대사전과 중고등학교 과정에서는 후자의 관점을 많이 따르는 편입니다. 요컨대, 잘못된 설명이 아니라 학문적 목적과 맥락이 다르다는 것으로 이해하면 좋겠습니다.

논리학적인 개념은 형식적 타당성을 중시하는 터라, 글쓰기와 말하기에 적용하기는 어려운 부분이 많습니다. 따라서 다음 장부터는 글쓰기와 말하기에 바로 활용할 수 있도록, 귀납과 연역의 개념을 실용적인 관점에서 느슨하게 사용해보겠습니다.

그 전에 귀납과 연역의 핵심 개념을 정리해보겠습니다.

귀납법

- 귀납법은 개별적인 사실에서 보편적인 원리(결론)를 이끌어낸다.
- 새로운 보편 원리를 도출할 수 있어 지식 생성에 기여한다.
- 논리적으로 결론이 반드시 참이라고 할 수 없다.
- 새로운 반례가 나타날 수 있으므로, 귀납적 지식은 확률적이고 잠정적이다.

연역법

- 연역법은 보편적인 원리에서 개별적인 결론을 이끌어낸다.
- 연역법 자체는 새로운 보편 원리를 생성하지 않는다.
- 형식이 타당하고 전제가 참이면, 논리적으로 결론도 반드시 참이 된다.
- 보편 원리를 이용해 개별 사실을 설명하거나 예측하는 데 유용하다.

귀납과 연역의 관계

- 귀납은 경험을 통해 보편 원리를 만들고, 연역은 그 원리를 바탕으로 개별 사례를 논리적으로 도출한다.
- 두 방법은 지식의 생성과 검증을 위해 상호 작용하며, 과학적 탐구와 철학적 사고의 핵심 구조를 이룬다.

위의 내용을 이해했다면, 중고등학교, 대학과 대학원에서 배운 학문적 지식이 어떻게 생겨나고 만들어졌는지, 그 기본 원리를 배운 셈입니다. 또한 이 원리는 학자가 되어 연구를 할 때도 유용합니다. 앞선 신종 나비의 예시와 같이, 가설을 세우고 관찰과 실험을 통해 이론을 검증하는 과정은 연역과 귀납의 순환적인 원리에 기반하고 있기 때문입니다. 학교에서 한 번 배우고 지나쳤던 연역과 귀납이 알고 보니 지식을 생산하는 기본 원리였다는 것은 놀라운 일입니다. 하지만 누군가는 '모두 학자가 될 것도 아닌데 그런 것까지 알아야 하나?'라는 의문이 들기도 할 것입니다. 그런데 알아야 합니다. 귀납과 연역은 확실한 지식에 가까이 다가가는 길이며, 논리적으로 결과를 예측하는 능력을 길러줍니다. 무엇보다 이 두 추론 구조는 글쓰기와 말하기의 강력한 도구로 활용됩니다. 실제로 소설과 에세이를 제외한 설득력 있는 말과 글은 연역과 귀납의 구조를 따릅니다. 다음 장에서는 이 두 가지 추론 방식이 실생활에서는 어떻게 활용되는지 구체적으로 알아보겠습니다.

"귀납과 연역은 지식을 생산하고 확장한다."

임팩트 있는 문장으로 마무리하라

[아리스토텔레스]
귀납법 활용 시 3가지 유의 사항

귀납은 영어로 'INduction'이라고 부릅니다. 깔때기에 비유하자면, 깨알 같은 개별 사실을 안쪽(IN)으로 넣어서 결론을 만드는 방식이라고 기억하면 쉽습니다. 예를 들어 '부정부패는 나라를 망친다'라는 결론은 다음과 같은 귀납적 구조로 도출할 수 있습니다.

[사례 1] A 나라는 귀족들의 부패로 역사에서 사라졌다.
[사례 2] B 나라는 지도자의 부패로 다른 나라에 흡수되었다.
[사례 3] C 나라는 부정부패로 인해 최빈국이 되었다.
[결론] 부정부패는 나라를 망친다.

결론과 주장이 맨 마지막에 나오는 글을 흔히 미괄식

구성이라고 합니다. 귀납은 미괄식 구성과 닮은 점이 있습니다. 이런 글은 차분히 근거를 댄 다음에 결론이나 주장을 내세우기 때문에 전체적으로 세련된 느낌을 줍니다.

독자 입장에서는 '대체 무슨 말을 하려는 거지?' 하는 호기심을 가지고 글을 읽어나가며 주장하는 사람의 이야기와 사고 과정을 따라가게 됩니다. 그래서 주로 학식 있는 사람들이 쓰는 신문 칼럼, 에세이 등에서 자주 볼 수 있는 방식입니다.

그런데 결론이 맨 마지막에 등장하기 때문에 업무 보고서나 회의 등의 상황에는 다소 어울리지 않습니다. 바쁜 상황에서는 '그래서 뭘 말하고 싶은 거죠?'라는 불만이 터져 나올 수 있다는 점을 유의해야 합니다.

이러한 구조로 글을 쓸 때는 다음의 세 가지를 기억해야 합니다.

첫째, 다양한 사례를 모으고 관찰하라.
둘째, 사례를 관통하는 통찰력을 발휘하라.
셋째, 인상적인 문장으로 마무리하라.

다양한 사례를 모으고 관찰하라

'모든 백조는 하얗다'라는 귀납적인 결론을 얻으려면 백조 몇 마리 정도의 관찰로는 부족합니다. 사례가 많을수록 신뢰도가 높아지기에 최대한 많이 관찰해야 합니다. 그런데 사례를 모으다가 느닷없이 '검은 백조' 한 마리가 나타났다면 어떻게 할까요? '모든 백조는 하얗다'라는 결론은 수정되어야 하지만, 결론을 미리 포기할 필요는 없습니다.

논리학에서는 이를 엄격히 따지겠지만, 현실에서는 '대부분의 백조가 하얗다'라는 것만으로도 충분한 근거가 될 때가 많습니다. 또는 지역을 제한해서 '검은 백조가 서식하는 호주와 뉴질랜드를 제외한 다른 지역의 백조는 하얗다'라고 수정하여 사용할 수도 있습니다.

이러한 타협은 과학계에서 패러다임이 작동하는 방식과 유사합니다. 기존에 통용되던 과학 이론과 배치되는 연구 결과가 등장해도, 학자들은 곧바로 기존 이론을 버리기보다는 오히려 예외로 두려는 시도를 합니다. 그런데 이러한 태도는 완전히 틀린 접근이라고 보기도 어렵습니다. 기존 이론이 오랫동안 잘 작동해왔다면 새로운 발견이 오류일 가능성도 있고, 급작스러운 이론의 전환은 혼란을 초래하기 때문입니다.

결국 예외가 일부 발견된다고 하더라도 최대한 열심히 사례를 수집해야 합니다. 그러면 다음과 같은 이점을 자연스럽게 얻게 됩니다.

- 많은 사례 제시로 근거의 신뢰도를 높일 수 있다.
- 다양한 근거에서 통찰이 담긴 새로운 발견이 가능하다.
- 예외나 반례를 미리 알고 있기에 반론과 비판에 대비할 수 있다.

사례를 관통하는 통찰력을 발휘하라

다양한 사례를 열심히 모았다면 이제 통찰력 있는 결론을 만들 차례입니다. 앞서 본사와 자회사 간 협력 프로젝트와 관련해서 다음과 같이 보고서가 올라간 적이 있습니다.

기획안 보고 B: 본사와 자회사 간 신규 프로젝트 결과는 다음과 같다.

[사례 1] A라는 프로젝트는 성공했다.

[사례 2] B라는 프로젝트도 성공했다.

[사례 3] C라는 프로젝트 역시 성공했다.

[결론] 모든 본사와 자회사 간 프로젝트는 성공했다.

그런데 CEO는 보고서에 등장하지 않는 D와 E 프로젝트의 실패 사례를 이미 알고 있었고, 반례를 이용해 되묻습니다.

CEO : "그런데 많은 자금과 인력이 투입된 D와 E 프로젝트는 실패했잖아요?"

귀납적 사례 수집을 최대한 많이 했다면 이런 지적도 미리 대비할 수 있습니다. 그렇다면 보고자가 D, E 프로젝트 실패 사례를 미리 알았다고 했을 때 이런 답변은 어떨까요?

보고자 : "A, B, C는 성공했고, D, E는 실패했으니 성공 확률은 60%로 높은 편입니다."

구체적인 수치로 답변한 것까지는 좋았지만 아쉬운 느낌이 듭니다. 그 이유는 성공과 실패라는 단순한 기준을 사용했기 때문입니다. 귀납적으로 수집한 사례를 검토할 때는 통찰력을 발휘해야 합니다.

위의 경우라면, 사례를 모으는 과정에서 'A, B, C는 성공했는데 왜 D, E는 실패했을까?'를 물어야 합니다. 즉, 성공과 실패라는 이분법이 아니라 통찰력을 발휘하여 새로운 보편적 실론을 도출해야 한다는 것입니다. 보고자는 실패 이유를 살피다가 수익 배분율이 서로 달랐음을 발견하게 됩니다.

[사례 1] 성공한 A, B, C 프로젝트는 본사와 자회사 간 수익 배분율이 50:50이었다.

[사례 2] 실패한 D, E 프로젝트는 자회사에 대한 수익 배분율이 30% 미만이었다.

[통찰] 본사와 자회사 간의 협업 성공을 위해서는 타당한 수익 배분율을 설정해야 한다.

다양한 사례는 단지 양의 축적이 아니라 질적인 해석

이 함께할 때 빛을 발합니다. 결국 귀납적 방식으로 사례를 많이 모으더라도 '왜?'라는 질문을 반복해서 통찰력 있는 결론을 도출할 수 있어야 합니다.

인상적인 문장으로 마무리하라

귀납적인 구조는 미괄식과 유사해서 자칫 지루해질 수 있습니다. 따라서 스토리텔링으로 청중이 몰입할 수 있도록 도와야 합니다. 사례 자체를 재미있게 푸는 동시에, 듣는 사람으로 하여금 궁금증과 호기심을 갖게 해야 합니다. 앞서 배운 문제 해결형 스토리텔링을 사용하면 좋습니다.

- 본사는 자회사와 많은 협업 프로젝트를 진행했습니다.
- A, B, C 프로젝트는 아시다시피 성공적이었습니다.
- 그런데 최근의 D, E 프로젝트는 실망스러운 결과가 났습니다.
- 유사한 사업이었음에도 성공과 실패로 갈린 이유는 무엇일까요?

이런 방식을 취하면, 상대방 역시 몰입하면서 발표 내용을 따라갈 수 있습니다. 그렇게 조용히 보고자의 생각을 따라오게 했다면, 마지막 한 줄에서는 통찰력이 담긴 문장으로 강한 인상을 남겨야 합니다.

A: 본사와 자회사 간 협업 성공은 수익 배분에 달려 있습니다.

이렇게 끝내버리면 타당한 결론이긴 하지만 이야기의 마무리로는 다소 약한 느낌이 듭니다. 사례를 제시했다면 결론에서는 힘있게 마무리하는 문장이 필요합니다.

B: 신뢰는 말이 아니라 숫자가 만듭니다.
C: 협업은 상호 이익을 인정하는 데서 출발합니다.

A를 말한 뒤에, B 또는 C 같은 문장으로 도장을 찍듯이 강렬한 인상을 남기는 게 중요합니다. 이것은 미괄식으로 구성된 에세이나 칼럼 등에서 자주 사용하는 방식입니다. 귀납적 논리로 독자를 끄덕이게 했다면 마지막 문장은 마음

을 붙잡는 데 쓰여야 합니다. 그래야 이야기는 기억되고, 통찰의 논리 역시 공유됩니다.

"귀납은 양의 축적이 아니라 질적인 해석으로 빛난다."

어떤 관점으로
문제를 바라볼 것인가

[아리스토텔레스]

귀납과 연역을 혼합한 설득적 연역 구조

연역은 영어로 'DEduction'이라고 부릅니다. 'DE'는 '아래로'라는 의미가 있으므로, 보편 원리에서 출발해 아래로 내려가면서 개별적인 사실이 도출되는 과정을 떠올리면 기억하기에 좋습니다. 예를 들어 귀납법에서 말했던 부정부패 주제의 글을 연역적 삼단논법으로 써보면 다음과 같습니다.

귀납법
[사례 1] A 나라는 귀족들의 부패로 역사에서 사라졌다.
[사례 2] B 나라는 지도자의 부패로 다른 나라에 흡수되었다.
[사례 3] C 나라 역시 부정부패로 인해 최빈국이 되었다.
[결론: 보편 원리] 부정부패는 나라를 망친다.

연역법

[대전제: 보편 원리] 부정부패는 나라를 망친다.

[소전제] D는 부패한 국가다.

[결론] 따라서 D는 망할 것이다.

A, B, C 의 사례에서 귀납법으로 도출한 '부정부패는 나라를 망친다'는 보편 원리를 대전제로 하여, D가 망할 것이라는 사실을 연역적으로 추론하고 있습니다. 그런데 위와 같이 글을 쓰게 되면, 애초에 '부정부패는 나라를 망친다'라는 보편 원리는 어떻게 나온 것인지를 모르기에 설득력이 부족합니다. 누군가가 '부정부패가 있으면 왜 나라가 망해요?'라고 물으면, 다시 A, B, C가 망한 사례를 뒤늦게 설명해야 하는 불편함이 있죠.

<u>더 나은 설득을 위해서는 연역 구조 안에 귀납법을 포함시켜야 합니다.</u> 이 책에서는 이해하기 쉽도록 '설득적 연역 구조'라고 부르겠습니다. 설득적 연역 구조는 귀납과 연역을 적절히 배치하였기에 더 강력한 설득력을 발휘합니다.

설득적 연역 구조

[대전제: 보편 원리] 부정부패는 나라를 망친다.

[귀납 사례] A, B, C 국가는 부정부패로 망했다.

[소전제] D는 부패한 국가다.

[결론] 따라서 D는 망할 것이다.

위의 경우, 귀납적으로 도출된 보편 원리를 대전제로 설정하고, 이 대전제의 근거가 되는 귀납적인 개별 사례를 넣어서 설득력을 강화했습니다. 이처럼 설득적 연역 구조는 연역법만 사용할 때보다 설득력이 강하고 깔끔합니다. 이를 정리하면 다음과 같습니다.

설득적 연역 구조

[대전제: 보편 원리] 보편적으로 인정되는 사실이나 규칙 (부정부패는 나라를 망친다.)

[귀납 사례] 대전제를 뒷받침하는 근거와 사례, 조건 (A, B, C 국가 사례)

[소전제] 대전제가 적용되는 구체적인 대상 (D 국가)

[결론] 결과, 해결책, 주장 (D는 망할 것이다.)

신문 사설이나 학술적인 글도 이런 방식을 적극적으로 사용합니다. 특히 논문의 경우, 연구 내용에 따라 구성 요소나 순서가 조금씩 달라질 수 있지만, 대부분은 설득적 연역의 틀 안에서 아래와 같이 구성됩니다.

[대전제: 연구 방법(보편 원리)] 수면 시간 부족과 우울증 발생은 강한 상관관계를 갖는다.
[귀납 사례: 선행 연구 분석] 연구 A, B, C는 수면 부족과 우울증 발생이 강한 상관관계가 있다는 결과를 얻었다.
[소전제: 연구 내용] 국내 직장인 천 명을 대상으로 수면 시간과 우울증 발생률을 조사했다.
[결론: 연구 결과] 국내 직장인의 경우, 수면 시간이 부족할수록 우울증 발생이 높다는 결과를 얻었다.

논문에서도 연구 방법론에 해당하는 보편 원리나 이론이 대전제가 됩니다. 뒤이어 선행 연구 분석을 통해서 해당 이론의 근거가 되는 연구 사례를 찾아 대전제를 뒷받침합니다. 이후에 구체적인 대상을 연구하여 결과를 발표합니다. 이처럼 설득적 연역 구조만 잘 익힌다면, 보고서는 물론 논문을 쓸 때도 논리적인 글을 쓸 수 있습니다.

그물을 던지기 전에
어떤 물고기를 잡을 것인지 생각하라

기름이 떨어져 차가 멈춘 상황을 떠올려 보겠습니다. 어떤 해결책이 있을까요? 누군가는 주유소까지 차를 밀고 가야 한다고 생각할 것이고, 어떤 이는 보험사의 비상 주유 서비스를 떠올릴 것입니다. 같은 상황이지만 문제를 어떻게 바라보는지, 즉 '문제 설정'에 따라서 해결 방식이 달라집니다.

앞에서 설명했듯이 문제 설정이란, 상황을 어떤 관점으로 바라볼 것인지, 또 어떤 방향으로 풀어갈 것인지를 정하는 일입니다. 예를 들어, '기름은 주유소에서 넣는다'라는 관점을 가진 사람은 어떻게든 주유소까지 차를 끌고 가는 것이 해결책이 됩니다. 하지만 '차량 문제는 보험사에 연락한다'는 관점이라면, 보험사에 연락하는 게 답이 되죠. 이처럼 문제 설정은 글쓰기에서 가장 먼저 떠올려야 할 본질적인 단계입니다. 문제 설정이 끝나야 비로소 대전제를 만들 수 있죠.

파르메니데스편에서 언급했듯, 문제 설정은 물고기를 잡는 그물과 같습니다. 망망대해에서 어디에 그물을 던지느냐에 따라 고등어를 잡을 수도 있고 참치를 얻을 수도 있습니다. 글을 쓰거나 말할 때도 잡고 싶은 물고기가 무엇인지 즉, '어떤 관점에서 문제를 바라볼지(=문제 설정)'를 먼저 정해야 합니다.

앞서 다뤘던 신조어 사용 관련 글도 마찬가지입니다. 각각의 주장은 서로 다른 문제 설정 위에 세워졌기 때문에 전제와 그에 따른 결론이 달라진 것입니다.

문제 설정: 언어를 사회 질서와 통합의 관점에서 본다면?

[전제] 언어는 사회적 약속이다.

표준어는 사회적 약속으로 정한 언어다.

[결론/주장] 표준어를 사용해야 한다.

문제 설정: 언어를 역사와 변화의 관점에서 본다면?

[전제] 언어는 시대의 반영이다.

신조어는 시대를 잘 반영하는 언어다.

[결론/주장] 신조어를 사용해야 한다.

문제 설정에 따라 연역법의 전제가 달라진다는 것에는 중요한 교훈이 숨어 있습니다. 즉, 상대방이 던진 전제를 따른다면 문제 설정의 관점을 그대로 받아들이는 것이 됩니다. 상대방의 그물 안에서만 논리적인 추론이 이뤄지기 때문에 상대의 주장에 걸려들기 쉽죠. 이때 필요한 게 흔히 말하는 '프레임 전환'입니다. 효과적인 반론을 하고 싶다면 상대의 문제 설정을 검토해보고, 새로운 그물을 던져서 프레임을 바꿀 수 있어야 합니다.

회사에서는 왜 두괄식을 써야 할까?

귀납과 연역은 사고의 틀이고, 두괄식과 미괄식은 표현의 틀이라는 점에서 차이가 있습니다. 하지만 앞서 설명했듯이 사례나 근거를 설명하고 마지막에 결론을 제시한다는 점에서 미괄식은 귀납과 잘 어울립니다.

예를 들어 네모난 TV가 아닌 원형의 디스플레이가 장착된 신제품을 제안하는 내용을 미괄식으로 작성하고 발표한다면, 다음과 같을 것입니다.

미괄식 구조: 조사 내용을 열거 후, 결론을 제시

보고서 형식

1. TV 시장 현황: 레드오션 상태

2. 트렌드 조사: 디자인 중심 실내 인테리어 유행

3. 경쟁사 동향: 베젤(테두리) 없는 TV 출시

4. 고객 반응: 가전 구매 시 디자인 중시

[결론] 따라서 디자인 중심의 원형 디스플레이 TV를 출시하고자 함

발표 형식

1. TV 시장은 레드오션이 되어 혁신 제품이 필요한 상황이다.

2. 최근 디자인 중심의 실내 인테리어가 유행 중이다.

3. 경쟁사들은 테두리 없는 디자인의 TV를 출시하고 있다.

4. 소비자의 구매 기준이 기능에서 디자인으로 이동 중이다.

[결론] 디자인 중심의 원형 TV를 출시하여 시장, 트렌

드, 고객 요구에 부응하고자 한다.

시장 상황, 트렌드, 경쟁 상품, 고객 요구 등을 꼼꼼하게 조사한 보고서입니다. 이처럼 미괄식 구조는 호기심과 스토리텔링으로 이야기를 끌어가기에 효과적입니다. 청중은 '이 상황에서 우린 어떤 제품을 만들어야 하지?'라고 생각하게 됩니다. 이후 결론을 내놓으면 '저런 흐름 속에서 나온 결론이구나!'하면서 이해하게 되죠. 실제로 신제품 프레젠테이션 때 종종 이런 방식이 사용됩니다. 즉 청중의 관심을 유도하거나 창의적인 제안이 필요할 때 효과적일 수 있습니다.

하지만 미괄식은 단점도 있습니다. 시간을 금처럼 여기는 회사에서는 '그래서 결론이 뭐야?'라는 반응이 나올 수 있죠. 따라서 회사에서는 두괄식 구조를 사용하는 것이 일반적입니다.

두괄식은 주장을 맨 앞에 제시하고, 주장을 뒷받침하는 근거를 설명해 가는 구조입니다.

두괄식 구조: 주장과 근거 순으로 제시하고, 결론에서

주장을 다시 한번 강조

[주장] **우리는 디자인 중심의 원형 디스플레이 TV를 출시하고자 한다.**

[대전제] 혁신적인 디자인이야말로 새로운 수요를 창출할 수 있다.

[귀납 사례]

- TV 시장은 레드오션이 되어 혁신 제품이 필요한 상황이다.
- 최근 디자인 중심의 실내 인테리어가 유행 중이다.
- 경쟁사들은 테두리 없는 디자인의 TV를 출시하고 있다.
- 소비자의 구매 기준이 기능에서 디자인으로 이동 중이다.

[소전제] 원형 디스플레이 TV는 혁신적인 디자인을 가진 제품이다.

[결론 및 강조] 이 제품은 시장 혁신과 새로운 수요 창출을 가져올 것이다.

미괄식이 '무슨 결론이 나올까?'라는 호기심을 유도했

다면, 두괄식은 주장을 미리 밝혀두어 명료합니다. 발표가 진행되는 동안 청자가 주장의 타당성을 생각할 수 있고, 의심나는 점들은 바로 질문하며 논의할 수 있다는 장점이 있습니다. 생각과 논의 과정에 동시에 참여했기에 신속한 의사 결정도 가능해집니다. 또한 명료하고 잘 정돈된 보고라는 느낌을 받게 합니다. 구조상으로도 결론 부분에서 다시 한번 기존 주장을 강조할 수 있다는 장점이 있습니다.

두괄식의 장점을 정리하면 다음과 같습니다.

- 발표와 동시에 논의를 병행할 수 있어, 빠른 의사 결정이 가능하다.
- 주장이 먼저 나와 요점이 명료하게 전달되고 정돈된 발표라는 느낌을 갖게 한다.
- 결론에서 다시 강조할 수 있어 설득력을 높임과 동시에 강렬한 기억을 남길 수 있다.

두괄식과 함께 설득적 연역 구조를 활용하면 주장을 보다 풍부한 근거로 뒷받침할 수 있어 설득력이 높아집니다. 따라서 미괄식을 사용해야 하는 특수한 상황이 아니라면, 회사에서는 일단 두괄식의 설득적 연역 구조를 고려하는 것이 좋습니다.

연역을 사용할 때의 핵심은 결론을 낚기 위한 그물 던지기입니다. 내가 잡고 싶은 물고기(결론과 주장)가 무엇인지를 먼저 정하고, 거기에 맞게 문제 설정을 하여 그물을 던져야 합니다. 전략적 사고가 필요한 것이죠. 그물을 잘못 던지면 고래를 잡으려다 노란 해파리 떼를 건져 올릴 수 있음을 유의해야 합니다.

귀납과 연역은 논리학과 과학계 등 분야별로 정의가 달라 혼란스럽습니다. 그만큼 깊이 파고들게 되면 난해한 개념임이 분명합니다. 하지만 실용성을 위해 다소 느슨한 개념을 적용해보면 설득의 기본 구조로 훌륭하게 사용할 수 있습니다.

지금까지의 과정에서 우리는 보너스처럼 학문적 지식이 귀납과 연역의 순환 구조로 맞물려 만들어진다는 것도 알게 되었습니다. 대학이나 대학원에 진학해 공부를 더 하고 싶은 사람이라면, 논문과 연구를 위한 지적인 토대까지 마련한 셈입니다. 이제부터는 읽고 쓰는 글이 연역적인지 귀납적인지, 그 구조를 염두에 두고 전략적으로 접근하는 훈련을 해보길 바랍니다. 글쓰기와 말하기뿐 아니라 독해 실력 역시 빠르게 향상됨을 느끼게 될 것입니다.

"상대방의 문제 설정을 그대로 따르면 상대가 던진 그물에 갇힌다."

좋은 글은
윤리로 완성된다

[아리스토텔레스]

말과 글에서 도덕적 관점을 고려하라

"노동자들의 파업으로 인해 수출 전선에 먹구름이 낄 것으로 보입니다."
"시위가 지속되어 당분간 출근길 불편이 예상됩니다."

월요일 출근길에 뉴스를 보면 종종 화가 날 때가 있습니다. 무거운 몸으로 출근하는데 파업과 시위 등으로 지각이라도 하게 되면 감정이 더 격해질 수밖에 없겠죠.

"왜 내가 불편을 겪어야 하지? 남에게 폐를 끼치는 행동은 안 되지."

사람들의 불편한 마음을 이용하려는 뉴스와 사설 등에는 '불안 초래, 불법 시위, 부당한 요구'라는 키워드가 넘쳐

나곤 합니다. 이런 주장을 듣다 보면 타당한 이야기 같습니다. 일단 파업이나 시위는 종종 법에 어긋나는 경우도 있고, 합법적이라고 해도 다른 이들에게 불편을 초래하는 경우가 많기 때문이죠. 그런데 앞서 배운 대로 이렇게 생각해보면 어떨까요?

'만약 시위와 파업을 **영원히** 허용하지 **않는다면?**'

완벽한 인생이 없듯이 현재의 법과 사회 제도 역시 완벽할 수 없습니다. 언제나 소외되는 소수와 억울한 약자가 생기기 마련이죠. 법을 완벽하게 지키고 불편도 초래하지 않으면서 의사 표현을 하면 좋겠지만, 소외된 소수의 목소리는 좀처럼 나서서 들어주는 사람이 없다는 것이 문제입니다. 결국 법과 사회 제도를 먼저 거론하는 것은 '그냥 가만히 있으라'고 강요하는 것과 비슷한 효과를 냅니다. 소외된 소수의 목소리는 사라지고 그들을 더욱 고립시키는 결과로 이어질 수 있습니다. 이런 사회는 언뜻 밝은 햇살이 내리쬐고 있어 그늘이라고는 조금도 없는 것처럼 보입니다. 하지만 완벽해보일수록 거짓되고 꾸며낸 것일 가능성이 큽니다.

독재 국가나 전체주의 사회가 자꾸만 행복과 평화를 강조하고 건물 외벽을 흰색 페인트로 칠하는 데 집착하는 것처럼 말이죠.

그래서 문화적으로 성숙하고 잘 교육받은 시민일수록 소수의 목소리를 존중하고, 피치 못할 개인적 불편은 감수하는 태도를 취하는 경우가 많습니다. 사회적 약자, 소수자들의 시위나 파업은 문제 해결을 위한 불가피한 선택일 수 있음을 이해하는 것이죠. 현재 느끼는 불편은 소수자, 약자에겐 일상적인 불편이었음을 받아들이는 것입니다. 그렇게 그늘에도 햇빛이 들 수 있도록 개인적 불편을 감수합니다.

우리나라 사람들 역시 출근길엔 투덜거릴지라도 개인의 이익보다 윤리적 판단을 앞세울 때가 더 많습니다. 품질이 좋고 싸더라도 그 상품을 생산하는 기업이 인권과 안전을 무시하는 비도덕적인 기업이라는 판단이 들면 불매운동에 참여합니다. 아무리 재미있다고 소문난 영화나 콘텐츠라도 잘못된 가치를 옹호하려는 의도가 숨어 있다면 시청하지 않는 경우도 많죠. 이처럼 작은 행동으로라도 도덕과 윤리적 가치를 지키려 노력하는 사람이 대부분입니다. 사람들은 일부 손해를 보더라도 윤리적 행위에 신경을 쓰며 살아가고 있는 것입니다.

　이는 말하기와 글쓰기에서 지식 및 논리뿐만 아니라, 윤리적 관점도 반드시 고려해야 함을 알려줍니다. 우리 모두에겐 양심이 있기 때문이며, 소외를 방치하는 비도덕적인 사회는 결코 더 나은 발전을 이룰 수 없음을 알기 때문입니다. 따라서 어떤 주장을 할 때는 논리 정연한 구조만이 아니라, 도덕적 가치를 반드시 고려해야 합니다

　그런데 도덕은 윤리학이란 명칭이 따로 있을 만큼 배우기 어려운 철학의 분과입니다. 따라서 신을 믿는 사회처럼 '이건 신의 말씀이니 무조건 정의다'라고 할 만한 기준을 찾기 어려운 것이 사실입니다. 과연 윤리는 어떻게 배우고, 말과 글에는 어떤 식으로 녹여야 하는 걸까요?

　올바른 삶과 정의로움 같은 문제는 플라톤의 《대화편》에서 자주 다뤄지는 데서 알 수 있듯이 그리스 철학자들에게 큰 숙제였습니다. 윤리가 무엇인지 정의하고 기준을 세우려 할 때마다 복잡한 장애물이 앞을 가로막았기 때문입니다. 대표적으로 절대주의와 상대주의 윤리학이 그렇습니다.

　'윤리적 절대주의'란, 보편적으로 인정되는 도덕 규칙은 있다고 믿는 관점입니다. 예를 들어 '살인은 나쁜 것이

다'라는 도덕적 판단은 어떨까요? 인간 사회라면 현대나 고대의 원시 부족을 막론하고 '살인은 나쁜 것'이라는 데 보편적으로 동의할 수 있을 듯합니다. 타인의 목숨을 빼앗는 일은 양심상 허용될 수 없을 뿐더러 살인이 만연한 곳에서는 사회 자체가 유지될 수 없기 때문이죠. 그래서 '살인하지 말라'는 윤리적 규칙이 나온 것입니다. 이런 논리로 보면 지역과 시대를 초월하는 절대적 윤리가 있는 것처럼 보입니다. 하지만 절대주의에도 골치 아픈 문제가 있습니다.

과거, 서구의 제국주의가 자신들의 도덕률과 신앙을 절대적 진리로 내세우며 타문화를 억압했던 사례가 있습니다. 자신의 도덕이 절대적인 것이라 믿게 되면 힘으로 윤리 규칙을 강요하는 상황이 벌어지기 쉽습니다.

또 다른 딜레마는 '살인하지 말라'와 같은 보편적인 규칙조차 전쟁과 같은 특수 상황에서는 통용될 수 없다는 것입니다. 상황에 따라 살인이 나쁜 것도 됐다가 나라를 구한 올바른 행위로도 인식될 수 있다는 것이죠. 특정 조건에서만 통용되는 규칙이라면 윤리적 절대주의는 성립될 수 없습니다. 이처럼 절대주의자들은 시공간을 초월한 완벽한 도덕률을 찾아왔지만 쉽지 않았습니다.

반면, 상대주의는 절대주의와 달리 보편적 도덕 규칙을 인정하지 않습니다. 신념과 도덕적 기준은 사회나 문화권마다 다양할 수 있다고 인정하기에 포용적인 편이죠. 하지만 완벽한 상대주의를 주장하게 되면 잘못된 신념에 대한 견제가 불가능해집니다. 제국주의의 침략이나 독재 정권의 탄압, 2차 세계대전을 일으킨 전범 행위 등을 단지 그들의 입장으로만 이해한다면 지금은 물론 앞으로의 악행도 전혀 견제할 수 없게 되어 버립니다. 따라서 절대주의와 상대주의는 모두 한계가 있음을 인정하고, 어느 쪽에 서든 비판적 균형감각을 유지해야 합니다.

"나는 법 없이도 살 사람이다!"

자신은 윤리적인 사람이라고 자신 있게 말하곤 하지만, 윤리에 대해 제대로 생각하려 들면 꽤 복잡한 문제에 휘말리게 됩니다. 소크라테스, 플라톤, 아리스토텔레스는 모두 이러한 어려움을 잘 이해하고 있었습니다. 그래서 그들은 각자 나름의 철학적 사고를 통해 윤리적 문제에 접근했습니다.

실천이 곧 윤리다

소크라테스는 도덕적 진리가 있다고 믿었다는 점에서 윤리적 절대주의자에 가까워 보입니다. 그런데 이를 일방적으로 전달하는 방식에는 반대했습니다. 진리를 스스로 발견하게 하는 반성적 성찰을 강조했습니다. 예컨대 정의와 미덕, 용기 등을 문답법의 주제로 내세워 기존의 사회 제도와 법률이 도덕적인 것인지 의심하도록 이끌었습니다. 이렇게 보면 문답법은 철학의 탐구 방법이었을 뿐만 아니라 절대적 도덕률을 찾는 만능 방법론이었던 셈입니다. 불행하게도 그의 혁신적인 방법은 당대 권력자들의 심기를 불편하게 했습니다. 당연한 것을 의심하라는 가르침은 곧 당대의 정치인, 사회체제의 도덕성을 의심하라는 말처럼 들리기도 했기 때문이죠. 소크라테스가 재판을 받고 독배를 들게 된 다양한 정치 사회적 배경 중에는 이러한 이유도 있었습니다. 권력자들은 그의 비판적 방법론이 갖는 힘을 두려워한 것이었죠.

소크라테스의 제자였던 플라톤도 윤리적 절대주의자로 분류할 수 있을 듯합니다. 그는《국가》에서 감각 너머에 존재하는 이데아 세계를 상정합니다. 이데아 세계가 완벽한 것이라면 궁극적인 착함, 즉 선의 이데아 역시 존재할 수 있죠.

그런데 플라톤은 철학적으로 충분히 훈련된 사람만이 이데아를 알아볼 수 있다고 주장했습니다. 이는 지혜로운 자가 되려면 철학 교육과 수양이 필요하다는 관점으로 볼 수도 있지만, 동시에 위험을 내포한 발상이었습니다. 만약 도덕적 진리에 대한 접근이 훈련된 소수에게만 허용된다면, 도덕 판단은 특정 엘리트 계층의 전유물이 될 수 있습니다. 윤리가 일부만 알고 행할 수 있는 특별한 것이라면 도덕적 결정권 역시 권력을 가진 소수의 판단에 의존하게 되기 때문입니다. 이런 사회는 독재자의 말이 곧 정의처럼 받아들여지는 닫힌 사회의 모습과 닮았습니다. 위험한 길에 빠질 수 있는 발상임은 분명해보입니다.

반면 플라톤의 제자였던 아리스토텔레스는 윤리를 천상의 이데아로부터 우리가 발을 딛고 살아가는 현실의 땅으로 가져옵니다. 그는 플라톤처럼 도덕을 소수만 알고 행할 수 있는 것이라 하지 않았고, 소크라테스처럼 도덕적 지식이 있다면 잘못을 저지르는 사람은 없을 것이라고 낙관하지도 않았습니다.

아리스토텔레스는 일단 사람을 사회적인 존재로 규정

합니다. 그는 《정치학》에서, 사람은 본질적으로 공동체를 이루며 사는 존재라고 말합니다. 실제로 세상을 혼자서 살아간다면 법도 도덕도 필요 없을 것입니다. 하지만 사회 안에서 살아가야 한다면 공동체의 질서를 유지하고 법을 잘 지키며 살아야겠죠. 그래서 아리스토텔레스는 시민들의 공동 목표는 '공동체의 안전'이라고 말합니다. 안전을 위해서는 법을 잘 지키는 것이 시민의 책무가 되겠죠.

하지만 질문이 떠오릅니다. '과연 공동체의 안전을 위해 마련한 법률은 언제나 옳은가' 하는 것입니다. 모든 제도에는 허점이 있기 마련이죠. 그래서 아리스토텔레스는 《니코마코스 윤리학》에서 법률적인 정의는 인간이 만든, 인위적인 규율임을 강조합니다. 우리는 법만 잘 지키면 윤리적이라고 착각하지만, 법이 곧 도덕의 기준이 될 수는 없습니다. 그렇다면 어떤 윤리적인 기준이 있을 수 있을까요? 이 지점에서 아리스토텔레스는 중용이란 개념을 제시합니다.

> **"중용은, 지나침과 모자람이라는 악덕 사이에 있는 것이다."**
>
> _아리스토텔레스, 《니코마코스 윤리학》

사회에는 법과 규칙, 예절 등의 다양한 기준이 존재합니다. 우리는 이것을 지킬 것을 요구받는 동시에 '공중도덕'이라는 말에서 알 수 있듯이, 이를 도덕의 기준으로 삼곤 합니다. 그런데 아리스토텔레스가 말한 중용은 그런 획일한 사회적 기준에는 동의하지 않습니다. 그는 《니코마코스 윤리학》에서 '중간은 사물 자체의 중간이 아니라, 우리와 관련된 중간'이라고 설명합니다. 또한 중용이란 '적절한 동기와 적절한 방식으로서의 가장 좋음'을 뜻한다고 덧붙입니다. 즉, 윤리란 누구에게나 획일적으로 적용되는 불변의 법과 규칙이 아니라, 개인과 상황에 따라 그 기준이 유연하게 적용되는 것일 수 있다는 겁니다.

예를 들어, 산에서 호랑이를 마주쳤을 때 올바른 행동의 기준은 모두가 용감하게 싸우는 것이 아닙니다. 두려움과 만용 사이의 중용인 용기와 위기를 극복할 능력은 사람에 따라 다를 수 있습니다. 경험 많은 사냥꾼이나 영웅이라면 호랑이와 싸우는 게 중용이겠죠. 하지만 일반인이라면 호랑이를 자극하지 않고 침착하게 뒤로 물러서는 것이 중용일 수 있습니다. 즉 나의 상황과 능력에 맞춰 적절한 방식으로 행동하는 것이 중용의 참뜻이 됩니다.

그런데 우리가 맞닥뜨리는 도덕적 갈등 상황에서 단번에 적절한 방식을 선택하는 것은 불가능에 가깝습니다. 그래서 아리스토텔레스는 반복적인 실천을 통해 중용을 찾는 것이 습관이 되어야 함을 주장합니다.

> "윤리적인 덕은 습관의 결과로 생긴다… 정의로운 행위를 해보아야 정의로워지고, 용감한 행위를 해봐야 용감해진다… 올바른 행위를 함으로써 올바른 사람이 된다."
> _아리스토텔레스, 《니코마코스 윤리학》

아리스토텔레스에게 있어서 완벽에 가까운 도덕률은 중용으로 만들어집니다. 또한 중용이라는 방법을 아는 것만으로는 부족하고, 이를 실천해야 비로소 정의로워진다고 말합니다. 또한 이러한 실천은 한 번에 그쳐서는 안 된다고 합니다. 습관이 되도록 반복해야 도덕을 완성할 수 있다고 주장합니다. 이것만 봐도 아리스토텔레스에게 윤리란 법전에 쓰인 어떤 것이 아니라, 실천 그 자체였음을 깨닫게 됩니다.

좋은 글은 윤리적 사고로 완성된다

중용으로 도덕적 기준을 찾을 수 있고, 실천을 반복하여 습관을 만들어야 한다는 말은 언뜻 이해하기에 복잡해보입니다. 하지만 피아노를 처음 배울 때를 생각하면 쉽습니다. 피아노를 배울 때, 처음부터 복잡한 악보를 가지고 연습하면 실력이 늘지 않습니다. 만약 샵(#)이 여러 개 붙은 악보라면 샵을 다 떼어내고 다장조로 악보를 바꿔야 합니다. 절대적인 도덕처럼 이미 완성된 악보는 어딘가에 있겠지만, 일단 나의 상황과 능력을 고려한 최선의 방법을 찾는 것이죠. 이것이 중용의 첫걸음입니다.

그런데 악보를 내 수준에 맞춰 그린 것으로 끝나선 안 됩니다. 악보를 고친 것은 연주를 위한 것입니다. 그렇다면 오른손만으로 멜로디를 더듬거리는 수준이더라도 일단 연주해야 합니다. 이것이 앎에 그치지 않는 실천의 과정입니다. 만약 오른손의 멜로디를 익혀 실력이 향상됐다면 그 다음엔 왼손 화음부를 붙여 한 과정을 끝내야 합니다.

하지만 여전히 이를 완벽한 연주라고 하기는 어렵습니다. 복잡한 샵(#)을 뗐고, 멜로디와 화음을 간소하게 고쳤기 때문입니다. 완벽한 연주를 위해서는 이제 원래의 악보에 가깝게 샵을 붙인 채로 위의 사이클을 반복해야 합니다. 이처럼 쉬운 악보에서 출발하여 숙련될 때까지 반복하는 과정은, 중용으로 내 수준에 맞는 도덕률을 찾고 실천하며 완벽한 윤리에 다가가는 과정입니다. 이러한 윤리적 중용을 찾는 과정을 반복하는 것은 자연스레 깊이 있는 사고와 공감으로 이어집니다.

"양심 선언한 저 사람은 기질 자체가 용감한 사람이었나 보네."

뉴스에서 용기 있게 내부 고발에 참여한 사람을 보며 이런 말을 할 때가 있습니다. 우리는 용기는 타고난 것이라고 쉽게 포장하곤 합니다. 하지만 아주 작은 양심적 저항이라도 일단 실천해본 사람이라면 이 말에 동의하기 어려울 겁니다. 두려운 상황은 모두에게 동일합니다. 불의에 저항하는 것이 선천적인 성향이라는 건, 나의 비겁함도 어쩔 수 없는 것이라는 변명을 만드는 일이 될 수 있습니다.

반면, 아리스토텔레스의 말대로 아주 작은 저항이라

도 실천해본 사람은 양심적인 판단을 내리기까지 얼마나 많은 고민과 두려움이 있었을지 잘 압니다. 아는 만큼 상대를 이해할 수 있게 됩니다. 온 힘을 다해 그의 선택을 응원하게 됩니다.

이런 관점은 말과 글로 이어지게 됩니다. 사회적 정의를 위해 작은 저항이라도 해본 사람은 당사자가 마주해야 했던 고통이 자연스럽게 떠오를 것입니다. 깊은 공감으로 내부 고발자의 입장을 이해하고, 그의 용기 있는 실천이 헛되지 않게 전력을 다해 글을 쓸 것입니다. 단어 하나 문장 한 줄, 그를 보호하기 위해 신중히 선택하려고 노력하겠죠. 반면, 용기는 선천적인 것이라고 속 편하게 믿는 사람이라면, 내부 고발은 저 사람의 선택일 뿐이라는 식으로 취급해 버리기 쉽습니다. 기왕이면 더 큰 용기를 냈어야 했다고 다그칠 수도 있습니다. 위의 두 가지 관점 중에서 사람들이 어떤 입장에 더 공감할지는 굳이 말할 필요가 없을 듯합니다.

중용의 실천 과정을 반복하면서 윤리적인 삶과 도덕적인 길에 대한 이해는 깊어집니다. 결국 누구보다 깊이 있고 공감 가는 글을 쓸 수 있게 됩니다. 사람을 감동시키는 말을 할 수 있는 사람이 됩니다. 무엇보다 도덕적인 최선책을 찾고 실천하는 동안 내가 어떤 사람인지, 또 인간이 무엇인지 잘 이해하게 됩니다. 내가 더 나은 사람이 됩니다. 그런 사람은 좋은 메시지를 만들어냅니다. 좋은 사람이 되어 좋은 글을 쓰게 됩니다.

"좋은 사람이 되어야, 좋은 글을 쓰게 됩니다."

비난은 결국
나를 향하게 된다

[아리스토텔레스]

윤리적으로 주장하기

윤리나 도덕은 중요하지만, 앞서 살핀 대로 올바름의 기준이 모호할 때가 많습니다. 예컨대 친구가 교실에서 떠들었는지를 선생님께 추궁받는 상황을 보죠. 우정을 지키려 친구가 떠든 적 없다고 거짓말하는 것도, 반대로 친구가 떠들었다고 정직하게 말하는 것도 모두 윤리적인 것처럼 보입니다. 명확하게 옳고 그름이 드러나면 좋겠지만 윤리적 상황은 대부분 이러한 딜레마를 가지고 있습니다. 그래서 재주 좋은 사람들은 윤리의 이러한 특징을 이용하여 부도덕한 일조차 숭고한 도덕적 행위로 포장해 선동하곤 합니다. 독재 권력을 찬양하거나 소수를 억압하는 권력자의 웅변, 신문 사설, 연설문 등이 그런 사례죠. 따라서 윤리적인 듯 보이는 주장이더라도 행간에 숨은 뜻이 있는지를 세심하게 따져 봐야 합니다.

아래의 주장 역시 윤리적 딜레마가 드러나는 글입니다.

현상: 사회적 약자들의 시위로 불편이 생겨남

〈제목: 불편을 초래하는 시위를 멈춰야 한다〉
- 법은 사회 구성원 모두가 따라야 할 규범이다.
- 시위 중 법을 어기고 타인에게 피해를 주는 사례가 있다.
- 불법적이고 피해를 주는 시위를 당장 멈춰야 한다.

아리스토텔레스가 말했듯이 사회적 규범인 법을 지키는 것은 민주 시민의 덕이자 의무라고 할 수 있습니다. 위의 주장은 그런 면에서 도덕적으로 타당해보이죠. 하지만 우리는 '과연 시위를 멈춰야 한다는 주장이 더 나은 사회를 위한 최선일까?'를 물을 수 있어야 합니다. 도덕의 세계는 파란색, 빨간색처럼 선명히 구분되지 않고 두 가지 색이 섞인 보라색 지대가 넓게 펼쳐져 있기 때문입니다. 이처럼 상식적인 듯 보이는 주장도 비판적으로 바라보면 새로운 논리가 보입니다. 그렇다면 위의 글을 윤리적 측면에서 다시 성찰한다면 어떻게 쓸 수 있을까요?

〈제목: 오늘의 불편은 내일의 평등을 위한 것이다〉

- 법은 사회적 약자의 현실을 온전히 반영하지는 못한다.
- 우리 사회에서 약자는 소외와 차별, 불편을 겪어왔다.
- 다수가 겪은 오늘의 불편은 약자에겐 일상이었음을 이해하는 것이 먼저다.

앞서 문제 설정이 바뀌면 효과적인 비판과 반론이 가능함을 알게 됐습니다. 여기에서도 모두가 반드시 지켜야 하는 법이라는 전제 대신에, 사회적 약자 보호에 한계가 있는 법이라는 관점으로 논리를 전개하였습니다. 그 결과, 법 준수에 가려져 논의되지 못한, 약자의 불편한 상황을 이해하는 것이 먼저라는 주장이 가능해졌습니다.

위와 같은 사회적 주제는 다양한 관점이 교차하고 있어 윤리적 판단이 엇갈리기 마련입니다. 당연한 것으로 여겨졌던 주장으로 인해 더 중요하게 다뤄져야 할 도덕적 가치가 훼손되는 것은 아닌지 성찰한다면 전과 다른 새로운 말과 글을 쓸 수 있습니다. 이때, 나의 주장이 어디에 이를지 상상해보는 것이 중요합니다.

예를 들어 사회적 약자에게 경제적 지원과 자립을 위

한 복지 예산을 투입하는 대신에 일반 국민에게 더 많은 혜택이 가도록 해야 한다는 주장이 있을 수 있습니다. 이 주장은 공리주의적 가치에 기반을 둡니다. 그 자체로 문제가 있지는 않습니다. 하지만 공리주의 정책을 지지하던 개인도 자신의 미래를 상상해보면 입장이 달라질 수 있습니다.

건강을 자랑하던 우리도 나이가 들면 한두 가지 장애를 갖게 됩니다. 행동이 느려지고 자주 넘어지고 계단 오르기도 힘들어집니다. 사회적 약자가 되는 것은 남의 일이 아니라 나의 미래일 수도 있는 것입니다. 무엇보다 약자의 불편을 살피지 않는 사회라면 자신뿐 아니라 사랑하는 가족이 약자가 되는 순간, 사회적 배제의 공포 속에서 살게 됩니다. 남의 문제가 미래에는 나의 문제가 될 수도 있습니다.

이런 상상을 하다 보면, 약자를 위한 사회적 안전망이 필요하다는 결론에 이르게 됩니다. 실제로 미국의 철학자 존 롤스John Bordley Rawls는 자신이 어떤 처지가 될지 모르는 '무지의 베일'에 가려진 상태라면 누구든 약자가 될 수도 있기에, 가장 불리한 사람을 지원하는 사회적 원칙에 합의할 것이라 주장했습니다. 결국 이것 역시 '상상력을 발휘하는 윤리적 사고'입니다. 따라서 윤리적 가치가 담긴 글을 읽거나 쓸 때는 아래와 같은 질문을 던져야 합니다.

- 사회 규범적(법적) 올바름과 윤리적 올바름을 구분하고 있는가?
- 모든 사람이 따라 해도 괜찮은 주장인가?
- 미래를 상상해도 여전히 유효한 주장인가?

특히 사회 규범적 올바름과 윤리적 올바름을 구분하는 관점은 유용합니다. 법이나 종교적, 문화적 사회 규범은 공동체의 일원으로서 지켜야 마땅한 것으로 여겨지는 만큼, 해당 공동체의 불만을 억누르거나 독재자가 부패한 권력을 유지하기 위한 형식으로도 종종 사용되기 때문입니다. 특히 노예 제도는 백 년 전까지도 당연한 것처럼 받아들여지는 곳이 많았고, 여성의 참정권도 당연히 배제되던 시대가 있었다는 사실은 우리가 '사회 규범의 올바름'에 대해 끊임없이 고민해야 함을 알려줍니다.

255

비난은 결국 나를 향하게 된다

"근래에 보기 드문 쓰레기 같은 콘텐츠"

유튜브나 SNS 등에는 원색적으로 비난하는 말이 많습니다. 또는 한번 비꼬아서 빈정대는 말도 넘쳐납니다. 이런 비난과 빈정거림은 글깨나 쓴다는 사람들도 비슷해서, 그런 행위를 시원시원하고 용기 있는 비판, 재미를 위한 글솜씨로 포장하는 경우도 있습니다. 이른바 '대중을 위한 용기 있고 재미있는 비평'이란 것이죠.

그런데 완벽한 작품이 없듯, 철저하게 나쁜 작품도 없습니다. 설사 그런 작품이 있다고 해도 비판하는 사람이 완벽한 판단력을 갖고 있다고 장담할 수는 없습니다. 그래서 비판을 하거나 비평을 할 때 예의를 강조하는 것입니다. 자신이 틀릴 수도 있음을 인정하는 태도죠.

반면 빈정대거나 욕설에 가까운 비난을 퍼붓는 사람들은 개인적인 우월감, 조회수, 수익 또는 인기를 노리며 행동한 뒤 대중을 위한 것이었다는 등의 변명을 붙이는 경우가 많습니다. 하지만 이천여 년 전 아리스토텔레스가《수사학》

에서 지적한 대로 이런 행위를 하는 이유는 아무리 감춰도 쉽게 간파당합니다.

> "어린이와 부자들이 흔히 모독에 심취하는 경향을 가지고 있다. 그들은 모독의 행위 속에서 자신의 우월성이 드러난다고 상상하는 것이다."
>
> _아리스토텔레스, 《수사학》

그러나 문제는 남습니다. 당장은 대중을 속였고 함께 웃었을지 모르지만, 사람들은 반드시 윤리적 평가를 합니다. 남의 험담을 일삼는 사람 주변에 진실한 친구가 없는 이유입니다.

거친 말을 하는 사람은 자신 역시 '쓰레기 같은 비판'이나 '창작자를 물어뜯는 모기' 같은 모욕적인 표현을 들을 것을 감수해야 합니다. 발끈하며 화내봤자, '너는 남을 욕하면서 자신은 욕먹기 싫은 것이냐?'라는 반격이 부메랑처럼 돌아오기 때문입니다.

비난을 하지 말라는 것은 자신에게 되돌아오는 부메랑 효과나 인간의 본질적인 불완전성 때문만은 아닙니다.

비난은 창조의 구조를 망가뜨리는 속성을 갖고 있기 때문입니다. 주장이 있어야 비판이 있을 수 있고, 창작자가 있어야 비평가도 존재합니다. 대부분의 사회는 이처럼 촘촘한 인과적인 그물로 얽혀 있습니다. 비난에 상처받은 창작자가 더 이상 작품을 만들지 않는다면 비난을 퍼붓던 비평가도 직업을 잃게 됩니다. 또 괜한 비난을 받을까 봐 그 어떤 주장도 하지 않는 사회적 분위기가 조성될 수 있습니다. 창조가 없는 세상은, 반대되는 것의 건강한 싸움도 없을 테니 변증법적인 상승을 기대하기 어렵게 될 것입니다. 따라서 <u>비판을 하기 전에는 아래의 물음을 반드시 떠올려야 합니다.</u>

- 비판과 비난을 구분하고 있는가?
- 나의 개인적인 이익만을 위해 비판하지는 않았는가?
- 비판의 칼끝이 작품이 아니라 사람을 겨누고 있지는 않은가?
- 나의 글과 말은 상승과 발전을 지향하고 있는가?

그리스 철학이 발전할 수 있었던 이유는 비난이 아니라 비판의 방법을 제대로 사용할 줄 알았기 때문입니다. 상대를 없애는 것이 아니라, 함께 커가는 가지치기의 용도로 칼을 사용했던 것이죠. 나의 말과 글 역시, 함께 나무를 키워내는 일임을 잊지 말아야겠습니다.

아는 것만으로는 부족하다

아리스토텔레스는 윤리를 아는 것만으로는 충분하지 않다고 생각했습니다. 쓰레기를 버리면 안 된다는 걸 모두가 알지만 여전히 거리에는 쓰레기가 굴러다니고 있죠. 이는 단순히 몰라서가 아니라 실천이 어렵기 때문입니다. 그렇다고 해서 윤리적 앎을 강조한 소크라테스가 틀렸다는 건 아닙니다. 쓰레기를 버리는 행위가 왜 잘못인지, 참된 앎을 깨달은 사람은 결코 쓰레기를 버리지 않을 테니까요. 결국 윤리에는 두 가지가 필요합니다.

앎 - 무엇이 옳은지 그른지를 인식하는 힘
실천 - 윤리를 행하는 용기와 행동

앎은 도덕의 출발이고 실천은 완성입니다. 하지만 실

천은 특히 어렵습니다. 쓰레기야 버리지 않으면 그만이지만, 힘센 사람이 약자를 괴롭히고 있는 상황을 봤다면 어떻게 해야 할까요? 나 역시 힘이 약하니 속으로만 안타까워하는 건 윤리적이라고 할 수 없습니다. 그렇다고 앞에 나서기에는 용기가 없고 자신까지 말려들어 괴롭힘을 당할까 두렵습니다. 그래서 아리스토텔레스는 실천을 위한 중용을 고안해냈습니다. 중용은 '반드시 이렇게 해야 한다'가 아니라 나에게 맞는 기준을 찾아 실천할 수 있게끔 해줍니다. 그렇게 작은 실천을 통해 조금씩 최선의 윤리적 기준점에 다가가게 합니다.

처음엔 소극적으로 '그러지 말라!'고 말하는 정도에 그칠 수 있습니다. 그런데 이런 말조차 누군가에게는 최대치의 용기일 수 있고, 누군가에게는 아직 맞설 용기가 더 남아 있을 수 있습니다. 용기의 잔량이 있는 사람은 다음에는 더 적극적으로 불의에 맞설 수 있어야 합니다. 이런 식으로 반복하다 보면 나에게 맞는 최선의 윤리적 행동이 가능해집니다.

이러한 중용의 원리는 개인들이 적절한 실천 방안을 찾는 방법일 뿐만 아니라 조직과 사회 문제 해결에도 적용할 수 있습니다. 예를 들어, 회사에서 인사 평가 제도를 개선하려는 과정에서 서로 다른 주장이 맞서고 있는 상황이라고 가정해봅시다.

- 주장 1. 성과 중심의 인사 평가는 공정한 보상을 통해 경쟁력을 높일 수 있으므로 시행되어야 한다.

- 주장 2. 성과 중심의 인사 평가는 업무별 특성을 무시하여 부서 간 불평등이 초래되며, 협업보다는 이기적인 경쟁을 부추기므로 반대한다.

두 주장은 나름의 윤리적인 가치를 내포하고 있습니다. 주장 1은 공정성과 책임을 강조합니다. 주장 2는 평등, 다양성, 그리고 협업의 가치를 제시합니다. 이때 윤리적인 실천 방안은 단순히 한쪽을 비난하거나 지지하는 방식이 아닙니다. 중용에 기반한 실천안은 서로 다른 가치를 인정하고 실행이 가능한 조화로운 해법으로 제시되어야 합니다. 그것은 다음과 같이 표현될 수 있습니다.

"성과 중심의 인사 평가는 공정한 보상의 기준이 될 수 있습니다. 하지만 부서별 업무 특성과 협업 가치 역시 고려되어야 합니다. 따라서 정량적 지표뿐만 아니라 직무 특성과 협업 기여도를 반영한 '성과·협업 평가제'를 제안합니다. 본 제도는 이번 분기에 시범 시행 후, 피드백을 반영하여 보완해 나갈 예정입니다."

- 실천안: 성과 지수(부서별 목표 반영) 50% + 협업 지수(동료 평가 등) 50%

위의 실천안은 양측의 윤리적 가치를 고려한 점이 눈에 띕니다. 또 적절한 비율로 양측의 의견을 조화롭게 반영하려는 의지가 보입니다. 즉각 시행보다는 시범 적용이라는 조정의 길도 열어두고 있습니다. 중용이 최선에 다가서는 지속적인 조율 과정임을 반영한 것이죠. 이처럼 윤리적인 실천 방안을 만들기 위해서는 다음의 질문을 던져 보는 것이 필요합니다.

- 상대편 제안에 있는 윤리적인 가치를 인정하는가?
- 양측이 수긍할 수 있는 현실적인 접점을 찾으려 했는가?

- 실행과 조율 가능성이 담긴 구체적인 방법을 제시했는가?

중용은 위와 같이 실천을 위한 방법을 만들고, 제안하는 언어로도 사용될 수 있습니다.

윤리적인 말과 글은 결국 나를 위한 것이다

살아가다 보면 무례한 사람들을 마주치기 마련이고, 자기 이익을 위해 비도덕적인 일을 저지르는 경우도 자주 보게 됩니다. 무례한 사람들은 자신의 힘을 과시하고 싶은 속내가 깔려 있습니다. 하지만 세상이 힘으로만 작동한다는 세계관을 가진 사람은 자신보다 더 힘이 센 사람을 만나면 필요 이상으로 비굴해지기 마련입니다. 마찬가지로 세상을 이익 중심으로만 바라보는 자에겐 모든 것이 경쟁으로 보이게 됩니다. 따라서 이익을 취할 수 없거나 치명적인 실패가 닥쳤을 때 재기가 어려워집니다. 세상은 대가를 바라지 않는 친절과 배려로 돌아가고 있다는 원리를 모르기 때문이죠.

세상이 이익으로만 돌아가는 것이라면, 위험을 무릅쓰고 타인을 구하는 의인이 있을 리 없습니다. 실제로도 우리는 생활 속에서 작은 의인들을 만나며 삽니다. 목마른 사람에게 먼저 다가가서 마실 것을 건네는 등산객, 어린 아이들이 안전하게 길을 건널 수 있도록 도와주는 어른들, 첫 출근으로 낯설어하는 신입 직원에게 점심을 함께 먹자고 제안하는 선배가 바로 그런 사람들입니다. 이기적인 세상 속에서 홀로 고군분투하며 살아온 듯하지만, 뒤돌아보면 다른 이들의 따뜻한 배려와 친절에 기대어 살고 있었음을 알게 됩니다. 이처럼 인간을 긍정케 하는 윤리적인 깨달음에 이른 사람은 든든한 마음으로 행복한 삶을 살게 됩니다.

결국 윤리는 새로운 논리를 개발할 수 있고 공감을 얻는 말과 글을 쓸 수 있으며 더 나은 실천 방안을 찾는 방법이기도 하지만, 궁극적으로는 나의 행복을 위한 것입니다. 소수와 약자에 대한 윤리적 관심은 나와 사랑하는 가족이 어려운 상황이 되더라도 살아갈 용기를 갖게 해줍니다. 고정된 정답이 아니라 지금 나에게 가능한 최선의 도덕을 찾는 과정은, 나를 더 나은 사람으로 성장하게 만듭니다. 이처럼 도덕과 윤리는 남을 위한 것, 내가 손해를 볼 수도 있는 것이기에 앞서 나를 위한 것입니다. 그러니 무언가를 쓰거나 말하기 전에는 스스로에게 질문을 던져야 합니다.

'이 글과 말은 내 안에 있는 사람을 더 나은 존재로 만들고 있는가?'

이 물음에 '예!'라고 답할 수 있다면, 우리는 이미 윤리적인 글쓰기와 말하기의 길 위에 있다고 믿어도 좋습니다.

"윤리는 성장하는 자신을 위한 것이다."

올바른 답을 찾으려면
올바른 질문을 던져라

[총정리]

그리스 철학자에게 배우는

글쓰기와 말하기

청소년기가 되면 영화 〈인사이드아웃〉에서처럼 기쁨이를 밀어내고 슬픔이가 감정 콘트롤을 담당할 때가 많습니다. 그럴 때 울적한 기분에 휩싸여 이런 생각을 하게 되죠.

"나는 누구지? 세상은, 사랑은, 친구란 대체 뭘까? 나란 존재는 가치가 있을까?"

나이를 먹고 자립을 위해 열심히 공부하고 일을 하다 보면 어느새 이런 질문은 까마득하게 잊어버립니다.

"풋! 어릴 때 그런 고민을 하곤 했지."

그렇게 어른이 된 듯 행동하죠. 그런데 착각하는 게 있습니다. 그저 사는 게 바빠서 질문을 뒤로 밀어놓았을 뿐 답을 찾은 것이 아니었다는 사실이죠. 줄곧 답을 찾고자 고민했던 사람과 달리, 이런 경우가 닥치게 되면 누구나 쉽게 무너질 수 있습니다. 내적인 힘이 부족하고 세상이 던지는 공격적 질문에 대한 면역력도 없기 때문이죠.

그런 점에서 철학은 고리타분한 학문의 이름이 아닙니다. 세상에 깔린 안개를 걷어내고 수많은 부조리한 공격을 격파하며 이성과 논리의 창과 방패를 만들어 나를 지키는 과정입니다. 나를 독립적인 어른으로 바로 서게 만드는 공부이자 올바른 답을 찾아가는 사고 과정입니다.

답을 찾기 위해서는 기존의 답을 의심하면서 올바른 질문을 던져야 합니다. 예를 들어 아이스박스에서 꺼낸 드라이아이스를 물에 넣었더니 보글보글 기포가 올라오는 것이 보입니다. 이때 다음과 같은 질문을 던집니다.

"드라이아이스가 물을 끓이는 원리는 무엇인가?"

지금까지 이 책을 읽은 독자라면 이것이 올바른 질문이 아니란 걸 압니다. 끓는 것처럼 보이는 현상을 질문으로 이어 붙여서는 제대로 된 답을 찾기 힘들기 때문이죠. 철학자처럼 물이 끓는 듯 보이는 당연한 현상 너머를 의심해야 합니다. 핵심적인 질문을 찾아서 던져야 합니다.

"드라이아이스를 넣은 물은 진짜로 끓는 것일까?"

이 질문에 답하기 위해선 풀이 과정, 즉 올바른 생각의 과정이 필요합니다. 드라이아이스를 상온에서 관찰하면 하얀 연기를 뿜으며 승화하는 현상을 볼 수 있습니다. 드라이아이스가 들어간 물의 온도를 재보면 끓기는커녕 온도가 더 낮아짐을 알게 됩니다. 이러한 근거를 토대로 드라이아이스를 넣은 물은 진짜로 끓는 것은 아님을 알게 됩니다. 그런데 철학자의 질문은 여기서 그치지 않습니다.

'끓는다는 건 무엇인가?'
'물에 넣은 드라이아이스에서 보글보글 나오는 기체는 무엇인가?'
'드라이아이스는 어떻게 주변의 열을 흡수하는가?'

이런 질문을 꼬리잡기처럼 되물으면서 주장과 비판을 거듭하게 되면, 드라이아이스와 관련된 여러 가지 과학적인 지식과 원리를 파악하게 됩니다. 탈레스와 제자들이 아르케 개념을 연구하다가 우주론과 밀도의 개념 등을 정교화했던 것처럼 말이죠. 이 역시 중요한 것은 결론이 아니라 결론에 이르는 생각의 과정임을 알려줍니다. 올바른 생각의 과정 안에는 지금까지 우리가 철학자들을 통해 익혀온 말하기와 글쓰기의 핵심 구조가 녹아 있습니다.

말하기와 글쓰기의 기본 구조

1. [서론: 문제 제기] 당연함을 의심하고 핵심 질문을 찾아서 문제를 설정하라.
2. [본론: 풀이 과정] 논리와 경험적 사례 등을 묶어 3가지의 입체적 근거로 제시하라.
3. [결론: 해결책] 비판과 반론을 종합하고, 윤리적 관점이 담긴 실천 방안을 도출하라.

이 3단계는 단순한 공식이 아니라 지금까지 배운 철학자들의 사고의 기술에서 나왔음을 우리는 알게 됐습니다.

이 공식에서 한 단계 더 나아가 정답에 이르는 원리를 응용하면 글쓰기와 말하기는 더 좋아집니다.

1. **[변증법]** 주장과 반론을 엮어 더 나은 결론 도출하기
2. **[귀납과 연역]** 사례에서 원리를 도출하고, 원리를 사례에 적용하며 결론의 확실성 높이기
3. **[중용과 실천]** 윤리적 이상과 현실 사이에서 균형 잡힌 해결책 찾기

변증법, 귀납과 연역, 중용과 실천이라는 순환을 반복하면 점차 정답에 가까워질 뿐 아니라, 논리적이며 윤리적인 말과 글이 만들어집니다.

설득을 위한 말과 글은 단순한 글자의 나열이 아닙니다. 그것은 생각의 과정을 보여주는 일인 동시에 이야기이며 콘텐츠입니다. 따라서 우리는 글쓰기와 말하기를 하나의 제작 과정으로 생각할 수 있습니다. 즉, 이야기의 3막 구조인 '문제 – 과정 – 해결'을 콘텐츠 제작의 3단계인 '프리프로덕션(준비) – 프로덕션(실행) – 포스트프로덕션(마무리)'에 빗대어 이해하자는 것이죠.

따라서 이제부터는 지금까지 논의한 것을 제작의 3단계로 정리하여 기억하기 쉽게 제시하고자 합니다. 글을 쓰거나 말할 때, 다음 장의 내용을 참고하여 쓰고 말하고 점검하면, 누구나 좋은 글을 쓰고 멋진 발표를 할 수 있을 것입니다.

설득력 있는 말과 글을 위한 그리스 철학자의 18가지 조언

프리프로덕션(준비): 무엇을 말할 것인가?

1. 모르는 사람처럼 문제를 의심하라 [소크라테스]

'원래 그런 거야'라는 말을 파고들면 새로운 아이디어가 광산의 보석처럼 쏟아져 나옵니다. '어떤 점에서 원래 그런 거지?'라고 아무것도 모르는 사람처럼 묻다 보면, 완벽한 답처럼 보였던 생각이 잠정적인 답에 불과했음을 깨닫게 될 때가 많습니다.

이때 원래 그런 것이라 당연시하고 한 번도 이를 진지하게 생각해본 적 없던 사람들은 놀라고 당황하게 됩니다.

질문하는 상대방 앞에서는 당장 화를 낼지 모르지만, 신선한 관점이기에 높은 주목을 받을 수 있습니다. 따라서 논술이나 면접시험에서 주제가 제시되면 일단 머릿속에 떠오른 가장 당연한 답을 찾은 뒤, 청개구리처럼 반대되는 관점에서 논리를 개발할 수 있어야 합니다.

2. 핵심 질문을 찾아라 [탈레스]

'출산율 저하 문제' → '출산율 저하 문제를 어떻게 해결할까?'처럼 주어진 현상을 질문으로 이어 쓰는 방식은 바람직하지 않습니다.

글쓰기와 말하기에서는 문제 설정이 모든 것을 결정합니다. 따라서 한발 더 깊이 들어간 근본적인 질문을 물어야 합니다. 예컨대 위의 주제라면, '출산율이 저하되는 것이 과연 문제인지'부터 질문해야 합니다. 그렇게 되면 경쟁체제와 능력주의를 동력으로 인간을 자원화한 현재의 사회 시스템을 반성할 수도 있고, 효율화를 통해 적은 인구로도 행복하게 살 수 있는 새로운 방향을 찾는 방안도 주장할 수 있게 됩니다.

3. 논쟁적으로 쓰고 말하라 [헤라클레이토스]

반대되는 것의 대립 속에 만물이 생겨난다고 믿은 헤라클레이토스처럼, 논리가 팽팽하게 다뤄질 수 있도록 써야 합니다. 논쟁적 주제임을 알려 관심을 끌 수 있고, 나의 주장뿐 아니라 반대 주장을 논의에 끌어들여 더 나은 변증법적 결론을 이끌어낼 수도 있기 때문입니다.

예를 들어 'AI 기술의 발전'이라는 주제에 대해 쓴다면 'AI 기술 발전과 인간의 위기'라는, 'AI vs. 인간, 발전 vs. 위기'와 같이 이항 대립 구도로 표현함으로써 훨씬 깊이 있고 흥미진진한 논의를 펼 수 있습니다. 찬반 대립은 나쁜 게 아니고 주제를 더 잘 드러내는 방식임을 이해해야 합니다. 어떤 주제든 찬반이 갈릴 지점을 포착해서 논쟁의 불꽃을 지필 수 있어야 합니다.

4. 사고실험으로 아이디어를 만들어라 [플라톤]

전혀 생각지도 못한 주제가 튀어나와 무엇을 쓸지 망설여지거나 상대 주장을 반박할 아이디어가 마땅히 떠오르지 않을 때가 있습니다. 그럴 때는 플라톤의 사고실험 방식을 사용하면 좋습니다. 그는《국가》에서 '만약 이상 국가가 있다면 지도자는 누구여야 할까?'라는 사고실험을 통해 지도자의 덕목, 교육 및 선발 시스템, 국가의 사회 구조까지 구체적으로 묘사해냈습니다.

또한 '만약 모두가 영원히 OO한다면?'이라는 사고실험을 활용하면, 상대 주장의 오류나 궤변을 반박할 수 있습니다. 이 같은 판을 흔드는 사고실험을 통해 기존 상식을 뒤집을 수 있고 논리의 지평도 넓힐 수 있습니다.

5. 논리를 극단까지 밀어붙여 사고하라 [파르메니데스]

파르메니데스는 '있음'과 '없음'의 논리를 극단까지 사유함으로써 '운동과 변화는 존재할 수 없다'라는 주장을 펼쳤습니다. 오로지 논리로만 만들어낸 이야기는 처음에는 이상하게 보여도 그 틈새에 숨어 있던 재미있고 참신한 아이디어가 튀어나오게 만듭니다.

사회에서 당연시되거나 터부시되는 것들 역시 논리로 따져 보면 논의해볼 만한 주제가 많습니다. '기술은 진보를 가져온다'라는 당연한 말 역시, 논리적으로 끝까지 파고들면 오히려 감시와 통제, 알고리즘 편향, 딥페이크, AI의 위협 등 인간의 삶을 퇴보시킬 수 있다는 결론에 이를 수 있습니다. 이처럼 논리의 극단에서 다양한 문제를 바라보기 시작하면 그 이면에 감춰져 있던 사유의 공간이 드러납니다.

6. 윤리적 프레임으로 관점을 전환하라 [아리스토텔레스]

사회적 주제로 찬반을 다툴 때, '어떤 경우에도 법을 지켜야 한다'처럼 법과 제도의 전제에 얽혀 옴짝달싹 못할 때가 있습니다. 법을 포함한 유무형의 사회적 제도나 관습은 준수해야 하지만, 그 한계 역시 명확합니다. 어떤 체제를 완벽한 것으로 상정하면 윤리 역시 그 틀 안에 갇혀 버리는 닫힌 사회가 되기 때문입니다.

따라서 옳고 그름의 문제를 제도의 틀에서만 보지 말고, 윤리적으로도 올바른 것인지 되묻는 훈련이 필요합니다. '제도나 법보다 더 중요한 가치가 이 논의에 존재하는가?', '법의 한계로 소외되거나 보호받지 못하는 존재가 있는가?'라는 식으로 프레임을 전환한다면, 윤리적이면서도 정답에 다가서는 주장을 할 수 있습니다.

7. 결론부터 말하는 구조를 짜라 [아리스토텔레스]

결론과 주장을 맨 앞에 두는 두괄식은 강력한 무기입니다.

특히 쇼츠처럼 짧은 영상 형식이 범람하는 세상에서, 귀납적으로 이런저런 사례가 있었다고 한참을 설명하면 '그래서 결론이 뭐야?'라는 반감이 들기 마련입니다. 따라서 참신한 아이디어가 담긴 주장과 결론을 서두에 꺼내고, 뒤이어 논리적 근거를 제시하는 방법에 익숙해져야 합니다.

이때 '[주장]-[대전제]-[귀납 사례]-[소전제]-[결론 강조]'로 이어지는 설득적 연역 구조를 활용하면 좋습니다. 이런 식의 전개는 청중과 독자 입장에서도 '왜 저런 주장을 할까? 저런 근거 때문이구나! 일리가 있는 말이군'이라는 자연스러운 흐름을 따라 메시지가 전달되는 효과가 있습니다.

프로덕션(실행): 어떻게 말할 것인가?

1. 매력적인 한 문장으로 주장하라 [탈레스, 헤라클레이토스]
'만물의 근원은 물이다', '만물은 흐른다'처럼 그리스 철학자의 핵심 아이디어는 짧고 강렬한 한 문장으로 표현될 수 있습니다. 2시간짜리 영화나 10편이 넘는 시즌제 드라마도 마케팅 문구는 강렬한 단어와 문장을 사용합니다.

글을 쓰거나 주장을 할 때도 매력적인 문장은 주장의 핵심축이 되어줍니다. 군대를 이끌고 돌격할 때 선두에 서는 깃발이 됩니다. '생각 없이 물건을 사는 소비자가 되지 말자'라는 주장 대신, '영수증이 당신을 말해준다'라는 문장이 더 매력적으로 보이고 대중의 호기심을 끌 수 있습니다. 따라서 영화의 줄거리를 한 문장으로 표현하는 로그라인처럼, 주장하려는 내용을 한 문장으로 정리해보고 이를 더 매력적일 수 있도록 다듬는 고민이 필요합니다.

2. 귀납으로 통찰하고 연역으로 설득하라 [아리스토텔레스]

귀납은 개별 사례에서 보편 원리를 도출하고, 연역은 그 보편 원리를 개별 사례에 적용해 결론을 도출합니다. 말하기, 글쓰기에서는 앞서 말한 대로 두괄식으로 주장을 앞세우고 귀납적 근거를 뒤에 내세워 설득하는 것이 일반적입니다. 그런데 귀납적 사례는 많을수록 좋다며 양에만 집착하는 경우가 있습니다.

'10번의 신규 프로젝트 중 성공 사례가 8번이니까 80%의 확률로 이번 프로젝트도 성공할 것이다'라고 주장하는 것은 어떨까요? 그보다는 '2번은 왜 실패했을까?'를 물어 통찰력 있는 원리를 추출할 수 있어야 합니다. '성공한 프로젝트는 준비 기간이 충분했던 반면, 2번의 실패는 모두 즉흥적인 지시로 인해 준비 기간이 짧았다'라는 원리를 추출한다면, 훨씬 설득력 있는 주장을 펼 수 있을 것입니다.

3. 근거는 3가지로 제시하라 [탈레스, 아리스토텔레스]

강한 주장이 담긴 말과 글이 되기 위해서는 입체적인 관점의 근거가 필요합니다. 탈레스 주장의 근거가 다양한 범주로 제시될 수 있었던 것처럼 말이죠. 또한 설득의 3요소인 로고스, 에토스, 파토스를 활용하여 데이터 기반의 논리적 설명, 화자의 신뢰성과 경험에 바탕을 둔 근거, 그리고 감정적 공감의 측면에서 사례를 제시하는 것도 좋습니다.

중요한 점은 근거들을 카테고리별로 묶어 가급적 세 가지로 요약하는 것입니다. 그래야만 안정적인 삼각형을 세우는 것처럼, 내가 찾은 근거들이 다양한 방향에서 주장을 튼튼하게 지지해줄 수 있습니다.

4. 숫자와 비유를 활용하라 [플라톤, 아리스토텔레스]

어떤 주장이든 청중의 이해와 판단이 선행되어야 설득에 성공할 수 있습니다. 이때 숫자는 이성적 이해를, 비유는 감정적 판단을 가능케 합니다.

예를 들어, '서울에 많은 양의 황사가 몰려오고 있다'라는 말보다는, '서울에 평년 기준치의 5배에 달하는 황사가 몰려오고 있다'라고 수치로 구체화하는 쪽이 훨씬 이해하기 좋고 기억에도 오래 남습니다. '진리를 알게 된 사람은 의무와 책임감으로 인해 수난을 당할 수 있다'라는 말은 '그럴 수도 있겠네' 정도의 반응만 돌아올 것입니다. 하지만 플라톤의 동굴 비유를 듣는다면, 태양을 보고 깨달은 자의 간절한 외침과 이를 비웃는 동굴 사람들의 냉소를 머릿속에 떠올릴 수 있습니다.

지금 쓰는 문장을 숫자로 표현할 수 있는지, 개념을 비유로 전달할 수 있는지를 고민해서 쓰고 말할 수 있어야 합니다.

5. 반대와 비판을 품어라 [밀레토스 학파, 헤라클레이토스]

헤라클레이토스는 대립하는 것이 있을 때 비로소 변화가 있을 수 있음을 깨닫고 싸움을 긍정했습니다. 낮이 있어야 밤이 있을 수 있듯이, 세상 만물은 반대되는 것에 의지해 균형과 조화를 이루고 있다는 것이죠. 따라서 반대와 비판을 일방적으로 배격하지 말고 그 논거를 흡수한 뒤 이겨낼 논리를 만들 수 있어야 합니다.

그러기 위해서는 우선 상대의 주장을 잘 이해한 뒤 포용하는 것이 필요합니다. 예컨대 '게임은 좋다'라는 주장을 할 때는, '게임은 나쁘다'라는 반대 의견을 충분히 이해한 상태에서 '게임은 나쁘다는 근거도 타당한 면이 있지만, 그로 인해 게임이 정당한 평가를 받지 못하고 있다'라고 주장하는 편이 설득력이 높습니다. 또 미리 '이러한 비판도 있을 수 있지만…'이라고 언급해줌으로써 반론도 충분히 검토된 주장임을 강조하는 방식도 좋습니다.

새싹이 비바람 속에 큰 나무로 자라듯, 주장은 비판을 통해 더 강하고 공고해집니다.

6. 전제 전환으로 기존의 논리를 흔들어라 [파르메니데스, 아리스토텔레스]

전제가 바뀌면 결론도 바뀌게 됩니다. 파르메니데스는 '없음에서 있음이 나올 수 없다'는 전제를 세웁니다. 이를 바탕으로 세계는 변화한다는 주장에 맞서 변화는 불가능하다는 놀라운 주장을 펼쳤습니다. 이처럼 기존 주장에 대해 반론을 펴거나 새로운 주장을 하기 위해서는 전제를 뒤집는 방식을 사용할 수 있어야 합니다.

전제는 앞으로 나올 잎사귀의 방향을 가르는 굵은 나무줄기와 같습니다. '공교육은 평등을 보장한다'와 '공교육은 경쟁을 부추긴다'라는 서로 다른 전제에서는 전혀 다른 글이 나오는 원리죠. 마찬가지로 큰 줄기를 흔들면 나무 전체가 흔들립니다. 따라서 논쟁적 주제를 반박할 때 새로운 전제를 제시하여 주장을 펴거나 상대의 전제를 지적하고 흔들면 효과적인 반론을 펼 수 있습니다.

7. 변증법으로 결론을 만들어라 [헤라클레이토스, 플라톤]

주장과 비판, 찬성과 반대, 장점과 단점 등은 언뜻 대립하는 것처럼 보이지만, 이들을 잘 종합하면 더 나은 결론에 이른다는 것이 변증법의 원리입니다. 따라서 결론을 만들 때는 반대편에 있는 좋은 점을 포용하여 해결책을 제시할 수 있어야 합니다.

대표적으로 각각의 주장을 합하는 방식이 있고, 화학 반응을 일으켜 새로운 해결책을 제시하는 방법이 있습니다. 출근과 온라인 재택근무라는 주장이 맞설 때, 2일은 출근하고 3일은 재택근무를 하는 하이브리드 근무 해결책은 일종의 합의 변증법이라 할 수 있습니다. 반면, 집과 회사라는 구분에서 벗어나 온라인 가상 사무실이나 디지털 환경이 잘 갖춰진 공유 업무 공간을 대안으로 제시하는 것은 화학적 변증법을 통한 해결에 가까울 수 있습니다. 변증법을 잘 활용하면 새로운 세 번째 길을 만들어낼 수 있습니다.

8. 실천할 수 있는 결론을 제시하라 [아리스토텔레스]

아리스토텔레스는 실천을 강조했습니다. 아무리 강력한 주장을 편다고 해도 실천이 불가능하다면 현실과 동떨어진 읊조림이 되고 맙니다. 의사가 '출근은 건강에 나쁘다'라고 해도 생활인 입장에선 회사를 그만둘 수는 없으니 하나 마나 한 처방이 되는 것과 같은 이치죠. 오히려 '스트레스 줄이는 명상법', '걸어서 출퇴근하며 건강 지키기' 등의 실천 가능한 해결책이 더 효과적이고 설득적입니다.

실천 가능성이 있어야 한다는 건 '이제 무엇을 해야 할까?'라는 독자의 물음에 답하는 일입니다. 말하기, 글쓰기는 결국 삶을 위한 것이고, 삶은 행동으로 이어질 때 비로소 그 의미를 갖기 때문입니다. 결론을 제시할 때는 현실성 있고 실천할 수 있는 해결책인가를 고민하는 습관을 가져야 하는 이유입니다.

포스트 프로덕션(마무리): 왜 말했는가?

1. 윤리적으로 퇴고하라 [밀레토스 학파, 아리스토텔레스]
'펜은 칼보다 강하다'라는 격언은 여전히 유효합니다. 넘쳐나는 비난 댓글과 말들은 지금도 많은 사람에게 상처를 입히고 있습니다. 따라서 퇴고를 할 때는 이 글의 칼끝이 어디를 향하고 있는지를 조심스럽게 살펴야 합니다. 칼을 마음대로 휘두르다가는 다른 사람뿐 아니라 자신 역시 다치기 때문입니다.

그럼에도 불구하고 비판할 때 제일 먼저 눈에 들어오는 건 사람입니다. 그래서 '요즘 사람들은 하여튼…'이라는 식으로 시작할 때가 많죠. 하지만 눈앞의 대상을 지목하는 쉬운 방법 이전에, 그 배경에 구조적 문제가 숨어 있는 것은 아닌지를 볼 수 있어야 합니다. 윤리적 글쓰기와 말하기는 비난과 꾸짖음이 아닌, 더 나은 답을 찾는 대화이기 때문입니다.

2. 독백이 아닌 대화인지 돌아보라 [소크라테스]

소크라테스는 진리 탐구의 본질을 상대방과 묻고 답하는 문답이라고 보았습니다. 사람마다 경험과 지식, 처한 환경이 다르기에 같은 세계에 살지만 실제로는 서로 다른 세계를 머릿속에 구성하며 살아갑니다. 그렇게 보면 대화는 곧 서로 다른 퍼즐 조각을 든 사람끼리의 만남이라고 할 수 있습니다. 따라서 소크라테스는 일방적인 가르침 대신, 상대의 생각을 묻고 인정하고 이해한다는 기반 위에서 퍼즐을 맞춰 갔습니다.

'상대의 입장과 주장을 충분히 이해하고 썼는가?', '논리가 아닌 힘으로 주장을 관철하는 말은 아닌가?', '상대의 주장이 합당하다면 결론에 이를 반영하고 있는가?'와 같은 질문을 하며 퇴고하면 좋습니다. 상대방 역시 자신이 들고 있던 조각이 함께 맞춰진 것을 본다면, 퍼즐을 완성하는데 더 적극적으로 참여할 것입니다.

3. 반복된 수정이 좋은 말과 글을 만든다 [아리스토텔레스]

아리스토텔레스는 반복적인 실천을 통해 중용의 미덕에 가까워질 수 있다고 믿었습니다. 한두 번으로는 모자라고, 습관이 될 정도로 반복해야 한다고 말했습니다. 말과 글도 마찬가지입니다. 단번에 일필휘지로 써 내려간 글이더라도 시간을 두고 보면 부족한 점이 눈에 들어옵니다. 어쩌면 '완성됐다!'라는 만족감에 젖어 퇴고를 소홀히 하는 순간이 좋은 글과 나쁜 글이 갈리는 결정적 순간일 수 있습니다. 완벽한 존재는 없듯이, 완성이 아니라 진화의 관점에서 고쳐쓰기를 반복해야 합니다. 특히 문장과 논리를 다듬는 것뿐만 아니라 나는 왜 이런 주장을 하고 이런 식의 글을 썼는지, 그 의도를 다시금 점검하는 것이 중요합니다.

그렇게 의도를 되묻는 것은 자신과의 대화이자 개인 차원의 변증법이라고 볼 수 있습니다. 만족하기에 앞서 다시 펜을 들고 고쳐 보세요. 발전이 찾아옵니다.

맺음말

AI 시대에 더욱 빛날 당신의 멋진 세계

"AI에게 맡기니 보고서든 뭐든 글을 잘 써주더라고요."
"동영상이나 쇼츠에 익숙해져서 책은 거의 안 읽어요."

AI에게 프롬프트 한 줄만 입력하면, 보고서, PPT부터 과제로 제출할 리포트, 소설과 동화까지도 뚝딱 만들어주는 시대입니다. 소파에 누워서 엄지손가락으로 휙휙 휴대폰 화면을 넘기면 재미있는 영상이 몇 초 단위로 이어집니다. '그 책 읽어봤어?'라는 대화는 사라지고, '이번에 새로 나온 AI 써봤어?', '그 영상 본 적 있어?'라는 말이 자연스러워졌습니다. 이처럼 AI가 글쓰기를 대신해주고, 영상이 책보다 익숙한 시대에 글쓰기와 말하기를 새롭게 배운다는 건 이상해 보입니다. 영 효율이 떨어지는 일처럼 느껴지죠.

'이런 시대에 글쓰기와 말하기를 배운다는 건 어떤 의미가 있을까?'

책에 쓰인 활자나 영상 이미지, 음성 모두 일종의 의미 전달을 위한 매체입니다. 인간이 다양한 상징과 기호라는 매체를 쓰게 된 것은 나의 생각과 아이디어를 알리기 위해서였습니다. 따라서 AI가 글을 써주거나 영상을 자동 생성해줄 수는 있겠지만, 그것은 나의 생각과는 무관합니다. 비유하자면, 전달 수단인 기차만 요란하게 플랫폼을 오가는 이상한 상황입니다. '나의 생각'이 아니라 누군가가 이미 실어놓은 화물이 기차에 실려 철로를 오가는 모습을 멍하니 지켜볼 뿐인 것이죠.

<u>기차라는 수단을 이용하기에 앞서, 먼저 내가 실을 화물이 있어야 합니다. 그래야 기차든 AI든, 내가 창조적으로</u>

이용한다고 말할 수 있습니다.

좀비 영화가 무서운 이유는 무표정한 얼굴 때문만은 아닙니다. '생각하지 않는' 존재가 무리지어 있기 때문에 무섭습니다. 게다가 강력한 전염력도 있어서 공포스럽습니다. 영화에 나오는 생물학적 좀비가 현실이 될 가능성은 낮아 보입니다. 하지만 사고 능력 없이 수동적으로 정보를 받아들이고, 누군가의 구호에 휘말려 거리로 뛰쳐나오는 '알고리즘' 좀비가 될 가능성은 높아 보입니다. 늘어나는 가짜 뉴스와 딥페이크 기술, 한쪽만 옳고 반대는 악이라는 식의 알고리즘에 익숙해진 사람들은 편향된 정보에 중독되기 시작합니다. 알고리즘 좀비의 가장 큰 특징은 비척대며 소리를 지를 뿐 대화를 모른다는 점입니다. 질문하면 화를 냅니다. 나의 생각이 아니었기에 논리적인 대화가 불가능합니다.

좀비에게 물리지 않기 위해 뛰어다니는 만큼의 노력으로 '나의 생각'을 가질 수 있어야 합니다. '생각'이 있는 사람은 리터러시literacy(비판적으로 읽고 쓰는 능력)라고 부르는 항체가 형성되어 알고리즘이나 가짜 뉴스에 쉽게 전염되지 않습니다. 텅 빈 눈으로 비척대며 걷는 대신 형형한 눈빛을 띤

채 주인공으로서 하루를 의미 있게 살아갑니다. 비척대다가 짐짝처럼 실리는 게 아니라, 기차를 내 용도에 맞게 이용할 수 있게 됩니다.

"글쓰기와 말하기는 화물 포장 기술이 아닌, 생각을 창조하는 과정입니다."

흔히들 서론, 본론, 결론만 제대로 써도 좋은 글이 된다고 합니다. 더 잘 쓰고 말하려면 논술 기법이나 화법을 배우면 된다고도 하죠. 하지만 고대 그리스 철학자를 보면 글쓰기나 말하기에 앞서 '무엇을, 어떻게, 왜 말하려고 하는가?'라는 질문에 답하려 했습니다. 서론, 본론, 결론이란 형식과 기술도 중요하지만, '그것을 어떻게 왜 말하려 하는가?'를 묻는 게 먼저입니다. 그 질문에 답하는 동안 우리 내면에 구성된 독특하고 매력적인 세계가 드러납니다.

이 책이 말하기와 글쓰기 기술만 다루지 않고, 굳이 고대 그리스 철학자들의 사상에서 출발한 이유입니다. 그리스 철학자들은 뛰어난 작가이자 웅변가였습니다. 하지만 누구도 그들을 '웅변가 소크라테스'나 '작가 플라톤'이라 부르지 않습니다. '위대한 사상가'라고 부릅니다.

그들은 요즘의 알고리즘 문화와 유사했던, '당연한 생각'과 군중심리에 치우친 '잘못된 믿음'이라는 화물들 위에 올라서서 '나의 생각'을 홀연히 외쳤습니다. 신선한 아이디어로 학문을 만들고 진리에 도달하는 가장 올바른 방법을 가르쳤습니다. '나는 무엇을, 어떻게, 왜 말하려 하는가?'에 대한 답을 스스로 찾아 우리에게 보여줬습니다.

인생은 무엇이고, 나는 누구인지, 또 우리가 사는 세계는 가짜인지 진짜인지, 죽으면 우리는 어떻게 되는지 등 핵심적인 진리는 여전히 베일에 가려져 있습니다. 누군가는 답답함에 알고리즘에 올라타서 화물과 함께 실리는 삶을 택하고, 누군가는 주어진 욕망에 순응하며 좀비처럼 삽니다.

그러나 그리스 철학자들은 '나의 생각'을(무엇을) 사람들과 나누며(어떻게) 주인공으로 살아가라고(왜) 격려합니다.

'나의 생각'이 있는 사람은 다른 이의 생각도 궁금해집니다. 더 올바른 해답을 찾기 위해 대화를 시작하게 되고, 생각을 나누는 과정에서 영화 속 주인공이 낯선 세계를 여행하듯이 새로운 풍경을 접하게 됩니다. 그렇게 독창적인 나만의 세계를 갖게 됩니다.

철학을 통한 아이디어 만들기와 글쓰기, 말하기 방법은 단순한 정보 전달 기술이 아니라 나만의 세계를 구성하고 전달하는 힘을 갖고 있습니다. 남은 것은 그리스 철학자들이 알려준 사유의 방법으로 나만의 언어, 나만의 세계를 더 공고히 만들어가는 일입니다.

말하고, 써주세요.

당신의 세계가 궁금합니다.

참고 도서

함께 읽으면 좋은 책들

- 《소크라테스 이전 철학자들의 단편 선집》 탈레스, 긴인고·김재홍 외 옮김, 아카넷, 2005.
- 《윤리학》 데이브 로빈슨, 이상헌 옮김, 김영사, 2007.
- 《플라톤》 데이브 로빈슨, 김태경 옮김, 김영사, 2001.
- 《그리스철학자열전》 디오게네스 라에르티오스, 전양범 옮김, 동서문화사, 2016.
- 《아리스토텔레스》 루퍼트 우드핀, 김태경 옮김, 김영사, 2005.
- 《철학이란 무엇인가》 버트런드 러셀, 서상원 옮김, 스마트북, 2013.
- 《서양의 지혜: 그림과 함께 보는 서양철학사》 버트런드 러셀, 이명숙·곽강제 옮김, 서광사, 1990.
- 《사진과 그림으로 보는 철학의 역사》, 브라이언 매기, 박은미 옮김, 시공사, 2002.
- 《아리스토텔레스의 분석론 전서》 아리스토텔레스, 김재홍 옮김·주석, 서광사, 2024.
- 《아리스토텔레스의 분석론 후서》 아리스토텔레스, 김재홍 옮김·주석, 서광사, 2024.
- 《시학》 아리스토텔레스, 이상섭 옮김, 문학과지성사, 2005.
- 《니코마코스 윤리학/정치학/시학》 아리스토텔레스, 손명현 옮김, 동서문화사, 2016.

- 《니코마코스 윤리학》 아리스토텔레스, 박문재 옮김, 현대지성, 2022.
- 《형이상학》 아리스토텔레스, 이종훈 옮김, 동서문화사, 2016.
- 《아리스토텔레스의 수사학》 아리스토텔레스, 이종오 옮김, 한국외국어대학교 출판부: HUEBOOKs, 2015.
- 《철학 이야기》 윌 듀랜트, 임헌영 옮김, 동서문화사, 2016.
- 《글쓰기의 요소》 윌리엄 스트렁크 2세, 김영일 옮김, 디아스포라, 2016.
- 《이솝 우화: 청소년과 성인을 위한 정본》 이솝, 천병희 옮김, 숲, 2013.
- 《글쓰기의 기본서》 이진화, 지식과 감성#, 2022.
- 《칼 포퍼의 열린 사회와 그 적들 읽기》 이한구, 세창미디어, 2014.
- 《도덕 형이상학을 위한 기초 놓기》 임마누엘 칸트, 이원봉 역, 책세상, 2002.
- 《마흔에 읽는 소크라테스》 임성훈, 유노북스, 2024.
- 《온도계의 철학》 장하석, 오철우 옮김·이상욱 감수, 동아시아, 2013.
- 《장하석의 과학, 철학을 만나다》 장하석, 지식플러스, 2015.
- 《스토리텔링 애니멀: 인간은 왜 그토록 이야기에 빠져드는가》 조너선 갓셜, 노승영 옮김, 민음사, 2014.
- 《열린사회와 그 적들 1》 칼 포퍼, 이한구 옮김, 민음사, 2006.
- 《과학혁명의 구조》 토머스 S. 쿤, 김명자·홍성욱 옮김, 까치(까치글방), 2015.
- 《철학: 더 나은 삶을 위한 사유의 기술》 팀 크레인 외, 강유원·김영건·석기용 옮김, 유토피아, 2008.
- 《만화로 보는 지상 최대의 철학 쇼: 소크라테스부터 데리다까지 초특급 두뇌들의 불꽃 튀는입담 공방전》 프레드 반렌트·라이언 던래비, 최영석 옮김, 다른, 2013.
- 《국가론: 이상국가를 찾아가는 끝없는 여정》 플라톤, 이환 편역, 돋을새김, 2015.
- 《메논》 플라톤, 이상인 옮김, 아카넷, 2019.
- 《소크라테스의 변명/국가/향연》 플라톤, 왕학수 옮김, 동서문화사, 2016.
- 《플라톤전집 Ⅴ: 테아이테토스/필레보스/티마이오스/크리티아스/파르메니데스》 플라톤, 천병희 옮김, 숲, 2024.
- 《원소》 필립 볼, 고은주 옮김, 휴머니스트, 2021.

철학자의 말하기 수업

1판 1쇄 발행 2025년 9월 25일

지은이 김 원
발행인 오영진 김진갑
발행처 토네이도미디어그룹(주)

책임편집 유인경
기획편집 박수진 박은화 김예은
디자인팀 김현주 강재준
마케팅 박시현 박준서 김수연 박가영
경영지원 이혜선

출판등록 2006년 1월 11일 제313-2006-15호
주소 서울시 마포구 월드컵북로5가길 12 서교빌딩 2층
원고 투고 및 독자 문의 midnightbookstore@naver.com
전화 02-332-3310 팩스 02-332-7741
블로그 blog.naver.com/midnightbookstore
페이스북 www.facebook.com/tornadobook
인스타그램 @tornadobooks

ISBN 979-11-5851-329-0 (03100)

나무의철학은 토네이도미디어그룹의 자회사입니다.
이 책은 저작권법에 따라 보호를 받는 저작물이므로 무단전재와 무단복제를 금하며, 이 책 내용의 전부 또는 일부를 사용하려면 반드시 저작권자와 토네이도의 서면 동의를 받아야 합니다.

잘못되거나 파손된 책은 구입하신 서점에서 교환해드립니다.
책값은 뒤표지에 있습니다.